国家自然科学基金－青年科学基金项目（72202219）
中国传媒大学中央高校基本科研业务费专项资金资助（CUC230B025）

新营销
——短视频与营销模式

崔　毅　著

中国商业出版社

图书在版编目（CIP）数据

新营销：短视频与营销模式 / 崔毅著. -- 北京：中国商业出版社, 2023.11
ISBN 978-7-5208-2700-3

Ⅰ.①新… Ⅱ.①崔… Ⅲ.①网络营销 Ⅳ.①F713.365.2

中国国家版本馆CIP数据核字(2023)第214947号

责任编辑：王　静

中国商业出版社出版发行

（www.zgsycb.com　100053　北京广安门内报国寺1号）

总编室：010-63180647　编辑室：010-83114579

发行部：010-83120835/8286

新华书店经销

三河市吉祥印务有限公司印刷

*

710毫米×1000毫米　16开　13.75印张　200千字

2023年11月第1版　2023年11月第1次印刷

定价：50.00元

* * *

（如有印装质量问题可更换）

前　言

随着数字化时代的到来，移动互联网得到进一步普及和发展，并影响着人们日常生活的方方面面，人们可以更加便捷地获取信息、互动交流，以及进行商业活动。在这个过程中，短视频逐渐成为网络信息传播的重要形式，改变了人们获取信息和娱乐活动的方式，也带来了新的商业机遇。

过去，人们依靠"4P"营销理论，即产品（Product）、价格（Price）、渠道（Place）和推广（Promotion）来指导自己的营销活动。这种模式的核心是产品，企业围绕这个核心进行生产和运营，希望通过精心设计的产品、适当的价格、合适的销售渠道进行有效的推广，从而达到销售目标。

然而，随着消费者行为的变化和新媒体技术的发展，这种以产品为中心的营销模式已经无法满足现代营销的需求。消费者拥有更多的信息获取渠道和选择权，他们更关心自己的需求和体验，而不仅仅是产品的功能和价格。因此，运营者需要一个新的理论框架来指导品牌的营销活动，这就是"4C"营销理论，即消费者需求（Consumer）、成本（Cost）、便利性（Convenience）和沟通（Communication）。这个模式以消费者为中心，注重从消费者的角度出发，考虑消费者的需求和期望，重视产品和服务对消费者的价值，思考如何更有效地与消费者进行沟通和互动。

在这个背景下，短视频营销应运而生，并对传统的营销模式产生了深远的影响。短视频以其新颖的形式、丰富的内容和极强的表现力吸引了大量用户，也为企业提供了一个全新的营销工具。通过短视频，企业可以用更为直观、生动、有趣的方式传递信息，也可以用这种营销方式来吸引和引导消费者。短视频可以更容易地对目标市场进行定位、更精准地对消费者需求和行为进行分析，从而完成更有效的营销。

本书的编写目的就是帮助读者理解并掌握这种新的营销模式。本书重点介绍了短视频的基本概念、特征、类型和平台，分析研究了从"4P"到"4C"营销理论的转变过程，深入探讨了包括内容创作、运营、推广和变现在内的短视频营销各个环节。

希望本书可以帮助读者更加全面地了解短视频营销的原理和实践，学会运用新的营销理论和技术来增强自己的营销效果。同时，希望本书能激发读者对新营销模式的探索和实践的热情，帮助读者适应这个快速变化的营销时代。

在这样一个快速变化的时代，营销模式在不断地发展和变化。然而，无论时代如何变化，企业和品牌都应始终以消费者为中心，营销的核心始终是满足消费者的需求、提供消费者需要的价值。无论是哪一种营销模式，无论营销模式如何实践和创新，都不能忘记这个最基本的原则。只有这样，企业才能赢得消费者的信任和忠诚。

希望通过本书，品牌、企业的运营者能一起探索和实践新的营销模式，共同迎接新的营销时代。

作者

2023 年 6 月

目 录

第一章 短视频概述 ·· 001
第一节 短视频的概念及发展 ······················ 003
第二节 短视频的特征与类型 ······················ 008
第三节 短视频平台及其特征 ······················ 030
第四节 热点话题与趋势 ···························· 052

第二章 从"4P"理论到"4C"理论 ······················ 061
第一节 "4P"理论及营销模式 ···················· 063
第二节 "4C"理论及营销模式 ···················· 072

第三章 短视频营销——时代营销新模式 ············ 083
第一节 短视频营销相关概念 ······················ 085
第二节 短视频营销的优势 ························· 096
第三节 "短视频+"的相关营销模式 ············ 100
第四节 热点焦点话题 ······························· 103

第四章 个人IP打造——短视频形象定位 ············ 107
第一节 个人IP定位步骤 ··························· 109
第二节 昵称、Logo、头像设计技巧 ············ 112
第三节 标题设计和封面设计技巧 ················ 117

第五章 短视频技术解读 ································ 121
第一节 短视频内在逻辑分析 ······················ 123

·1·

第二节 短视频各平台推荐机制分析……128
第三节 账号权重与账号推荐……133

第六章 短视频高质量内容创作策略……137
第一节 用户画像的精准解析……139
第二节 选题与策划……142
第三节 视频制作技巧……146
第四节 短视频剪辑技巧……150

第七章 短视频运营策略……157
第一节 种子用户策略……159
第二节 运营数据分析技巧……163
第三节 视频发布的时间及渠道技巧……167
第四节 短视频推广技巧……170

第八章 短视频变现攻略……175
第一节 短视频变现能力评估……177
第二节 分成渠道的选择……180
第三节 短视频变现模式……182
第四节 短视频带货策略……186

第九章 "4C"营销理论与短视频营销优化策略……191
第一节 消费者差异化需求的定位……193
第二节 低成本投入策略……199
第三节 操作与接收效果提升策略……203
第四节 网红营销策略……206

参考文献……209

第一章
短视频概述

第一章　短视频概述

随着科技的不断发展和普及，人们的生活方式和信息消费方式也在发生着翻天覆地的变化。在这个快速发展的时代，短视频作为一种新兴的媒体形式，以其轻量、高效、直观的特点，迅速吸引了大量用户，引发了一场媒体形式的变革，并凭借其独特的魅力和便捷性，悄然改变了人们的信息获取习惯和娱乐方式，人们已经习惯通过短视频来快速获取信息、放松娱乐。在这个信息爆炸的时代，短视频以其独特的优势，成为人们日常生活中不可或缺的一部分，征服了一代又一代的用户。

短视频的崛起并非一帆风顺，从早期的视频分享网站到如今的短视频平台，短视频经历了从无到有、从有到强的过程。在这个过程中，短视频不仅改变了人们的信息消费方式、推动了媒体行业的变革和创新，而且引发了一系列新的社会现象和问题，如网红经济、版权问题、内容质量问题等，都是研究短视频时不能忽视的重要因素。下面将通过对短视频的概念、发展历程、特点、类型及平台的介绍，帮助读者更好地理解这一现象级媒体形式，揭示短视频对社会的影响及其未来的发展趋势。

第一节　短视频的概念及发展

短视频的发展历程，不过短短的十余年时间，但正是这十余年时间，对社会产生了巨大的影响，塑造了一个快节奏的时代。下面将从早期的视频分享网站到如今的短视频平台，回溯短视频的发展历程，探寻短视频发展过程中的重要里程碑和变革，挖掘短视频影响和改变现代社会的成因，对短视频的概念进行明确，分析其特点与价值、演变与创新，使读者对短视频有一个初步而全面的理解。

一、短视频的定义

短视频是一种源于互联网并且依托新媒体平台的内容传播形式。顾名思义，短视频主要指时长较短的视频内容。这种格式的视频时长通常在15秒至几分钟，最大的特点就是简短和高效。它使信息传达更加直接，便观众的注意力更加集中。这种时间限制使得短视频更适合在移动状态和短暂休闲时刻观看，是快节奏生活中理想的消遣方式。

短视频的主题丰富多样，可以是日常生活分享、技能教学、旅行记录、美食制作、时尚妆容、健康运动，甚至是政治社会话题等。无论是个人用户分享日常生活的点滴，还是品牌企业展示其产品和服务，都可以通过短视频这种形式来实现。尤其在新媒体平台上，短视频的形式因其独特的传播效果而受到青睐。

随着移动互联网的快速发展，网络视频迅速成为人们获取信息、娱乐和社交的重要方式之一，逐渐成为人们日常生活中不可或缺的一部分。尤其是在移动设备普及和网络速度快速提升的背景下，短视频的应用和传播已经得到了更大的推广。与此同时，短视频也已经成为网红经济中的重要组成部分，各大平台、粉丝和资本都开始关注这个新兴的媒体形式，越来越多的网红和创作者通过制作和分享短视频来赢得关注，这也进一步推动了短视频的发展和普及。

短视频已经在全球范围内产生了深远影响。无论是在教育、商业、娱乐还是社会传播领域，短视频都已经发挥了重要作用。例如，在教育领域，短视频可以将复杂的知识以简明扼要的方式传递给学生，提高学习效率；在商业领域，短视频可以展示产品的特点和优势，帮助企业提升品牌影响力和销售额。

作为一种具有广泛影响力的媒体形式，短视频不仅在当今社会已经普及，其未来的发展潜力也很大。这种新的内容传播形式，以其独特的优点赢得了全球众多用户的喜爱，也在数字媒体领域产生了深远影响。

二、发展背景与历程

短视频的发展跨越了十余年，这一历程见证了移动互联网、智能终

第一章　短视频概述

端和带宽技术的飞速发展，也承载了用户需求、社会环境和内容生态的深刻变化。

短视频的历史和发展可以追溯到21世纪初，那时，互联网开始步入大众的生活，并且深刻改变了人们获取和分享信息的方式。随着互联网技术的发展，人们对信息获取的需求不断增长，新的媒体形式如博客、在线相册和在线视频等应运而生。然而，受当时的网络带宽和存储技术限制，长视频的传输和播放面临着巨大的技术难题。

（一）起源阶段

2005年，YouTube的创立为全球推广用户生成内容（UGC）概念开了先河，用户可以上传、分享和观看视频，这成为一种新的社交形式。同年，我国出现了一部根据电影《无极》剪辑的网络短片，下载量一度超过了《无极》这部电影原片，触发了中国在线视频的第一波高潮。随后，优酷、土豆、搜狐视频等长视频平台纷纷推出，进一步推动了长视频网站和用户生成内容（UGC）生态在中国的开展。

尽管长视频在那个时期受到了广大用户的欢迎，但其传输速度慢和存储需求大的问题并未得到解决。随着移动智能终端的飞速发展，智能手机和平板电脑开始普及，用户能够随时随地获取和分享信息。与此同时，4G网络的推广和云存储技术的应用，也解决了视频传输和存储的技术问题。

在这个背景下，一种更为简洁、直接、高效的视频形式——短视频应运而生。短视频的出现，满足了用户快速消费信息的需求，同时也适应了移动终端的特性。这些都使得短视频迅速在市场上取得了成功，吸引了大量用户。短视频以其短时、直接、高效的特点，适应了现代人快节奏的生活方式，迅速占领了市场。

（二）萌芽发展

2011年至2015年这个阶段，中国短视频技术完成了由0到1的过渡。

新营销——短视频与营销模式

2011年3月,快手公司发布了图像编辑应用"GIF快手",这是短视频在中国的最初形态。2013年7月,"GIF快手"应用开始逐步转化为快手短视频平台。自此,短视频平台的数量开始呈上升趋势。

从2015年开始,以抖音和快手为代表的短视频平台凭借其独特的内容和优秀的用户体验,迅速崭露头角,开始主导市场,吸引了大量用户和资本,短视频进入了爆发阶段,形成了一个活力四射的短视频生态系统。

这一时期的短视频,逐渐从一个小众的娱乐工具转变为一种主流的信息传播和社交方式。在这个过程中,短视频行业也面临着许多挑战,如版权问题、内容质量问题等,但总体来说,这是一个充满活力和创新的阶段,为短视频的未来发展奠定了坚实的基础。

(三)爆发阶段

2016年到2017年这段时间里,短视频平台的数量激增,短视频进入快速发展阶段,在全国范围内掀起了短视频热潮,其专业化和规模化程度得到广泛关注。短视频成了新的社交和娱乐方式,吸引了大量的用户。

在这个阶段,短视频平台如雨后春笋般出现,秒拍、美拍、快手等平台形成了多元化的短视频生态系统。短视频的创作形式开始变得多样化。用户不再满足于传统的纯文字或图片分享,而是更愿意通过短视频这种形式,来表达自己的思想和感情。

网红经济和短视频广告也在这一阶段开始崭露头角。一些在短视频平台上积累了大量粉丝的用户,开始通过合作推广、直播卖货等方式,为自己赚取收入。这种盈利模式的出现,进一步激发了用户对短视频创作的热情,使得短视频平台的内容更加丰富多彩。

这些短视频平台的出现,不仅为用户提供了一个展示自我、发挥创造力的平台,也为观众提供了丰富多彩、形式各异的短视频内容。此时

第一章　短视频概述

的短视频内容既有生活日常分享，也有专业技能展示，还有各种创新的形式。这种多元化的创作形式也使短视频平台的用户群体变得多元化，从年轻人到老年人，从一线城市到农村，各种人群都能在这个平台上找到自己的位置，短视频已经成了大众生活中不可或缺的一部分。

（四）稳健发展

2018年至今，短视频市场已经形成了"两超多强"的格局，即以抖音和快手为首，其他平台如微视、B站等为补充的市场格局。

短视频广告也在这个阶段开始广泛应用。与传统广告相比，短视频广告形式新颖，观看体验良好，能更好地吸引用户的注意力。许多企业开始尝试在短视频平台上投放广告，以此来推广自己的产品或品牌。

在这个阶段，短视频的内容类型更加丰富，涉及教育、娱乐、生活分享等各个领域。教育类短视频充分利用了视频的直观性，通过图文并茂的方式，使复杂的知识变得简单易懂，从而吸引了大量的学习者；娱乐类短视频则依靠其独特的趣味性和创新性，提供了一个让人们放松和娱乐的空间；生活分享类短视频则通过记录和分享日常生活的点滴，让人们感受到了生活的美好。

在这个阶段，短视频的社会影响力和商业价值也达到了前所未有的高度。短视频不仅改变了人们的生活方式，也改变了商业的运作模式。许多企业开始大量投入短视频广告，以此来提高品牌的知名度和影响力。一些短视频创作者也通过自己的影响力推广产品，开展直播卖货，从而赚取收入。

此外，资本市场对短视频行业的认可度也大大提升。许多短视频平台获得了大量的投资，其中包括腾讯、阿里巴巴等知名企业。这些资本的加入，进一步推动了短视频行业的发展，使得短视频平台的功能更加完善，用户体验也得到了进一步提升。

回顾短视频的发展历程，可以发现，短视频不仅是技术进步的产物，也是用户需求和社会环境变化的反映。从这个角度看，短视频的成功并非偶然，而是一种必然。尽管短视频在发展过程中也面临如用户隐私保护等许多挑战，但总体来说，短视频的发展趋势是积极的。随着5G网络的普及和人工智能技术的应用，技术进一步提升，用户需求发生了新变化，短视频在未来还将有更大的发展和创新空间，为用户提供更优质、更个性化的内容和服务，继续改变人们的生活和社会，塑造一个全新的媒体时代。

第二节 短视频的特征与类型

短视频作为一种特殊的媒体形式，具有独有的特征和多样化的表现形式。了解短视频的内容特征、类型与表现形式，有助于创作者和运营者更好地把握短视频的本质以及其在各个领域的应用与价值。

一、内容特征

短视频的内容特征主要有短时长、碎片化、强互动性、可嵌入性和易于制作等，如图1-1所示，这些特征都为短视频营销提供了独特的优势。

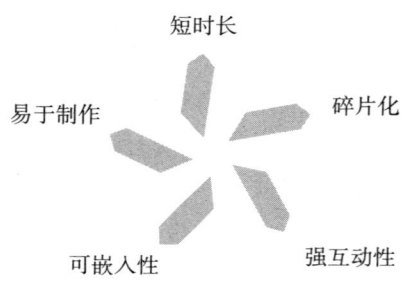

图1-1 短视频内容特征

第一章 短视频概述

（一）短时长

短视频的主要特点是其时长短，通常不超过 3 分钟，适应了现代人快节奏的生活方式。

随着社会节奏的加快和工作生活压力的增大，人们越来越倾向于利用零碎时间来获取信息和娱乐。短视频正好满足了这一需求，它以短小精悍的形式，将信息传递给用户，让人们可以在短暂的休息时间里放松观看。

短视频通常时长在 15 秒至 3 分钟，满足人们碎片化时间的消费需求，也降低了用户在观看内容时的心理负担。

比如，在各类短视频平台上，有不少"挑战"类视频，其中一个优秀的案例便是"冰桶挑战"活动。"冰桶挑战"是针对肌肉萎缩性侧索硬化症（俗称"渐冻症"）而发起的一项公益活动，旨在让人们了解并体会被称为"渐冻人"的罕见病人，同时募款治病。"冰桶挑战"系列短视频通过网络快速传播，这个活动在全球范围内引起了巨大反响，让"渐冻症"（ALS）协会得到了大量捐款。

另外，比较常见的短视频便是健身教程。只有几分钟时长的健身教程视频，能在很短的时间内给观众分解一个动作的正确做法，人们无须花费太多时间便可以学到有用的知识，满足了现代人快节奏的生活需求。

短视频应用于商业的常用方式，便是快闪店预告。一些商家会通过短时长的视频预告他们的快闪店活动，精练的内容能够在短时间内吸引人们的注意力，提高活动的参与度。

（二）碎片化

所谓"碎片化"，是指内容创作者将复杂的信息分解成小块，以便于用户快速吸收。这种方式可以让用户在短时间内获取到所需信息，提高了信息的传播效率。同时，也适应了现代人快节奏、碎片化的生活方式。

碎片化是短视频发展的重要阶段，它源自移动互联网环境下用户的阅读习惯和时间分配特点。随着移动互联网和智能终端技术的飞跃进步，媒体生态在经历着前所未有的变化。公众的生活节奏加快、时间碎片化，对信息的接收和传播方式也在发生改变。社会信息系统的碎片化，尤其是在网络环境下，已经改变了传统的、以大型板块和长时段为主导的媒体传播模式。在这个被称为"浅层阅读"的时代，只有适应碎片化关注的媒体内容才能有效吸引用户。

在这种调整运转的社会环境中，以抖音为代表的短视频形式成功地满足了用户碎片化的内容消费需求。通过提供简短的、能够迅速吸收的信息片段，抖音让用户在闲暇时间得到社交和娱乐的满足。更进一步地，抖音运用大数据技术，为每个用户提供个性化的推荐，满足了用户追求自我和个性的需求，触动用户的心理认同。这种模式在不断的循环中吸引用户的注意力，充分占据了用户的碎片化时间。

短视频内容简短，容易被用户快速浏览和理解，能够快速传递核心信息，让用户在有限的时间内获取更多的信息。短视频创作者通过短视频平台、社交媒体等渠道进行推广，利用平台用户在等待、休息等情境下的碎片化时间，让其在轻松的状态下接收信息。

短视频的碎片化特点还体现在其分发方式上。随着物质生活水平的提高和技术的持续优化，社会传播关系也变得越来越碎片化。短视频平台准确地捕捉到了这个趋势，以其满足用户追求个性和自我表达的特性，成功地改变了媒体消费模式，引领了以兴趣为导向的短视频行业的变革。

碎片化学习已经成为现代社会的一种常态。比如，在忙碌的节奏中，人们可以利用碎片化时间，通过短视频学习烹饪教程。在短视频平台上，各种烹饪教程短视频盛行，在几分钟内就可以展示完整的烹饪流程，教给用户一道菜的做法，受到了广大网友的喜爱。

由于短视频内容简短，用户可以在有限的时间内观看更多视频，这种方式极大地提高了信息的传播效率和用户的接收效率，许多人就是利用短视频来进行持续学习，这种方式使得用户对短视频平台的黏性进一步增强。

比如，"一分钟学习"系列短视频，这种视频通常以"一分钟学习……"为标题，内容涵盖各种生活技能、职场知识、文化艺术等各个领域，满足了用户对多样化、个性化内容的需求。

音像剪辑类短视频也非常受欢迎。这种类型的视频通过音乐和影视剪辑，将众多的信息压缩到很短的时间内，为用户提供了极佳的视听体验。如"酷我音乐"短视频音乐剪辑，通过将热门歌曲的精彩片段剪辑在一起，不仅能让观众在短时间内接触到更多的歌曲，同时也通过音乐的节奏和情感传递了丰富的信息，深受用户喜欢。

短视频在碎片化阶段充分利用了用户的碎片化时间，提供了高效、直接、简短的内容，以满足用户快速消费信息的需求。这不仅加深了用户对短视频的依赖，也为短视频平台带来了丰富的内容资源和广大的用户基础，进一步推动了短视频的发展。

（三）强互动性

短视频的一个突出特点就是其强大的互动性，这使得短视频能够有效地吸引和激励用户参与其中。强互动性是指短视频能够引发观众的参与和互动，比如，用户可以点赞、评论、分享自己喜欢的视频，甚至可以基于自己的兴趣制作与视频相关的UGC。

短视频平台通常配备了全面的社交功能，如评论、点赞和分享等。这些功能不仅方便了用户之间的互动，也使得用户在观看短视频的同时能够表达自己的观点和情绪。一些名人或知名博主会通过发布短视频回答粉丝的问题，这种社交媒体上的问答环节不仅可以增强和粉丝的联系，也会引发更多的互动。这就是短视频强互动性的一种表现。

短视频这种交流模式不仅增加了用户的参与度，也为短视频内容在平台上的推广提供了有力的支持。强大的互动性还能增强用户对平台的认同感和归属感，从而提高用户的忠诚度。

在短视频平台上，互动式短视频营销案例数不胜数。例如，在"快手年货节"的活动中，快手联合商家在短视频中展示商品，用户可以在评论区与商家交流，提出疑问，甚至参与到商品的打折活动中来。这种方式提高了短视频的互动性，同时也促进了商品销售。

在美妆领域也有许多类似案例，很多美妆博主会在视频中询问观众的意见，或者邀请他们在评论区分享自己的美妆技巧，从而加强视频创作者与粉丝间的互动性。这种强大的互动性，不仅帮助美妆博主吸引了更多的粉丝，也帮助品牌提高了产品的曝光度和销售量。

"挑战"类视频是强互动性的另一种表现。一些广为人知的挑战包括抖音的"模仿秀"和"舞蹈秀"。如在"模仿秀"活动中，用户模仿电影中的经典场景，或者模仿其他用户的表演，然后分享到平台上。这样的活动通常会吸引大量的用户参与，并引发广泛的互动，从而增强平台用户的活跃度和黏性。

短视频的强大互动性不仅有利于提升用户的参与度和忠诚度，也有利于短视频内容的推广和传播。对于品牌而言，通过短视频进行营销，不仅可以提升品牌的知名度和影响力，也可以直接推动产品的销售。因此，短视频的互动性对用户、平台和品牌都有着重要的意义。

（四）可嵌入性

在当今的数字化时代，信息传播的形式越来越多样化，其中短视频以其生动有趣、精练直接的特点，赢得了广大用户的喜爱。而短视频的可嵌入性，更让它成为信息传播的有力工具。这就意味着，短视频可以方便地嵌入其他的网站、博客或社交媒体平台中，更易于分享和传播，从而扩大了短视频的传播范围和影响力。

在许多新闻网站经常可以看到在新闻报道中嵌入的相关短视频，媒体以此来增加信息的丰富性和吸引力，提升读者的阅读体验。比如，在

第一章　短视频概述

报道一场运动比赛时，可以嵌入精彩的比赛瞬间短视频；在报道一项科技新发明时，可以嵌入展示新发明运作过程的短视频。这种方式使报道更加生动、立体，更易于吸引观看者的注意力。

短视频的可嵌入性也被广大的博主运用。创作者会在博客文章中嵌入自己制作的短视频，以展示自己的生活、旅行、美食等内容。这种方式既可以丰富文章内容，又可以更直观地展现博主的生活状态和价值观，从而增强博主与读者之间的互动与共鸣。

社交媒体平台也非常善于运用短视频的可嵌入性。如微信公众号、Facebook、Instagram等社交媒体平台允许用户在帖子中嵌入短视频，这样可以极大地增强短视频的传播力。用户可以将自己喜欢或者认为有价值的短视频分享到自己的社交媒体账号中，让更多的人看到，从而实现信息的快速传播。

为了实现内容的跨平台传播，短视频在营销过程中可以方便地嵌入社交媒体、网站等其他平台，这一特点让短视频的传播范围得到了极大的拓展。同时，可嵌入性也让短视频成了各类平台的宣传和推广利器，企业和个人都可以利用短视频来进行品牌推广和个人宣传。

利用嵌入短视频进行营销的案例非常多。例如，华为在推广其新款智能手机时，制作了一系列介绍新产品功能和特点的短视频，然后将这些短视频嵌入其官方网站和社交媒体账号中。这种方式不仅让更多的人了解到华为新款智能手机的信息，也使得这些信息更加直观、生动，从而提升了用户的购买欲望。

还有一些品牌则会与知名博主或者明星合作，通过他们在社交媒体平台上发布的短视频进行品牌推广和营销。这种方式不仅扩大了品牌的传播范围，也借助了博主和明星的影响力，提升了品牌的知名度和美誉度。

（五）易于制作

随着技术的进步和智能手机的普及，短视频的制作越来越简单，已经融入了人们的日常生活中。这种易于制作的特性，使得每个人都有机会成为内容创作者，分享自己的生活点滴，传达自己的观点和情感。

智能手机内置的摄像头和各种短视频制作软件，如抖音、快手等，让制作短视频变得非常简单。用户可以轻松地拍摄、剪辑和分享自己的短视频，无须专业的设备和技能。例如，用户可以在旅行中拍摄美丽的风景，或在日常生活中记录下有趣的瞬间，然后通过这些应用将短视频分享给其他用户。这种方式不仅可以满足用户的表达欲望，也可以帮助他们建立与其他用户的连接，共享生活的快乐。

对于商业广告来说，短视频的易于制作这一特性也提供了新的营销手段。许多商家现在都使用短视频来推广自己的产品或服务。比如，一些餐厅会制作一些美食制作的短视频，引导观众对他们的菜品产生兴趣；一些电商会制作一些产品展示的短视频，让消费者更直观地了解产品的特点和优势。因为短视频易于制作且传播范围广，所以这种方式既省钱又高效。

在个人品牌建设上，短视频也扮演着重要的角色。许多个人博主或艺人会通过制作短视频来建立自己的品牌形象。比如，健身博主发布的健身教程短视频，可以帮助他们吸引更多的关注者，同时也传播了健康的生活方式；美妆博主发布的化妆教程短视频，不仅可以教授化妆技巧，也可以推广自己喜欢的美妆产品。

在我国的短视频营销案例中，很多都反映了短视频易于制作这一特性。比如，教育培训机构使用短视频制作一系列学习课程，覆盖英语、会计等多个领域。这些短视频既方便学生随时随地学习，也能帮助教育机构扩大品牌影响力。

短视频易于制作这一特性，也使它具有极大的商业价值和社会价值。无论是企业还是个人，都可以利用短视频进行有效的信息传播和品牌推广。这是短视频的一大优势，也是它未来发展的重要推动力。

二、表现形式

除了内容特性外，短视频的表现形式也会影响其在营销中的效果。具体来说，短视频的表现形式主要包括横屏视频、竖屏视频、无声视频和弹幕等，如图1-2所示。

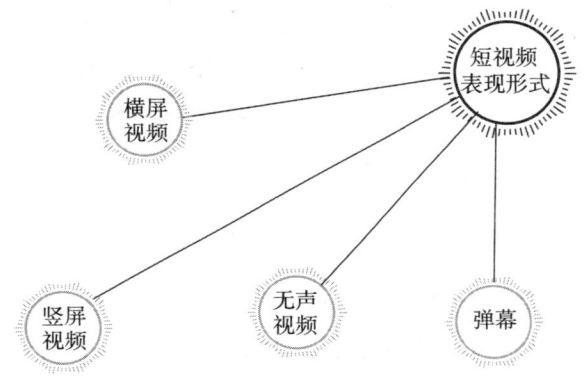

图1-2 短视频的表现形式

（一）横屏视频

作为短视频的一种重要表现形式，横屏视频源于传统电视和电影的宽高比16∶9，这也使横屏视频模式在人们的长期观影习惯中得到了深度认同，深受大众喜爱。这种宽高比适应了人的视野结构，使观众在观看时能更好地沉浸在视频内容中，增强了观看体验。

横屏视频的另一个优势在于，它模仿了传统电视和电影的形式，使它在大屏设备如电脑和电视上的观看效果优于其他格式的视频。观众通过横屏观看电影预告片和电视节目片段等内容时，能享受到电影般的观影体验。这种特性使得横屏视频在大屏设备上的应用特别广泛，大大提升了用户的视觉体验。

在中国的短视频营销中，横屏视频的应用也非常广泛。以映客直播

新营销——短视频与营销模式

平台为例,许多主播会在直播过程中切换到横屏模式,以便更好地展示某些活动或产品,让观众更全面地看到画面,进一步提高观看体验。

再如,"我的世界"游戏官方频道发布了大量横屏视频教程,帮助玩家更好地了解游戏的各种操作和策略。这种形式的教程通常包含丰富的游戏画面和详细的操作步骤,使玩家在观看视频的同时可以更好地掌握游戏技巧,进一步增强了玩家的游戏体验。

国家地理频道发布的大量横屏短视频,展示了世界各地的自然景观和野生动物,带领观众走进自然,感受大自然的魅力。百度百科也发布了一系列以横屏形式展现的科普视频,包括宇宙奥秘、地球生态、古代历史、现代科技等各个方面,丰富了观众的知识视野,同时也提高了百度百科的品牌影响力。

大型电商平台京东在推广其品牌和产品时,就大量使用了横屏视频。这些视频以生动的画面和精练的内容,展示了京东的产品和服务,让用户在享受观看体验的同时,更深入地了解京东的品牌和产品。

此外,横屏视频的应用还延伸到了其他领域。比如,我国许多旅游景区也开始利用横屏视频来推广自己,通过拍摄景区的风光和特色,制作成横屏视频发布在各大社交媒体上,吸引游客前来游玩。

无论是在传统媒体,还是在新兴的直播平台和社交媒体上,横屏视频都占据了重要的位置。在短视频营销中,横屏视频以其独特的优势和广泛的应用,起到了至关重要的作用。其影响力不仅体现在为观众提供了优质的观看体验,更体现在为品牌和产品提供了有效的推广途径,成为短视频营销中不可或缺的一部分。

(二)竖屏视频

随着移动互联网的发展和智能手机的普及,竖屏视频已逐渐成为短视频领域的主流。相比于传统的横屏视频,竖屏视频以 9∶16 的宽高比为主,更加符合人们的观看习惯。竖屏视频在手机上全屏播放,减少了

第一章　短视频概述

黑边的出现，使用户可以更专注于视频内容。此外，竖屏视频还有一个重要的优点，那就是用户在单手操作手机时也能轻松观看。

竖屏视频的出现和普及，得益于新一代社交媒体的推动。比如，抖音作为国内最大的短视频平台，大多数的视频都是竖屏的。用户在抖音上发布的竖屏视频内容多样，包括生活分享、产品推广、教育教程等。这些竖屏视频通过抖音的算法推送给了数亿用户，使视频创作者和品牌商家得到了广泛的传播和关注。

此外，微博也是竖屏视频的一个重要应用场景。微博作为中国最大的社交媒体平台，用户数量庞大，其中许多娱乐明星和公众人物都会在微博上发布竖屏视频，分享他们的生活和工作，这些视频通常会得到大量的转发和评论，产生巨大的社交影响力。

我国的电商平台如淘宝、京东等，也广泛应用了竖屏视频。商家会通过发布竖屏的商品介绍视频或者直播吸引消费者关注和购买。这些视频一方面可以让消费者更直观地了解产品，另一方面也可以使消费者在购物过程中获得更好的体验。

在新闻传播领域，各大媒体也纷纷采用竖屏视频的形式发布新闻报道和政策解读。这些竖屏视频新闻适合在手机上观看，方便了用户在任何时间、任何地点获取信息。

随着智能手机的普及和社交媒体的发展，竖屏视频已经成了短视频领域的主流形式。它的出现和应用，不仅改变了用户的观看习惯，也为短视频营销开辟了新的道路。

（三）无声视频

随着现代社会节奏的加快，公共场所对噪声的限制以及人们对隐私的重视，无声视频作为一种新的视频形式正在迅速崭露头角。无声视频更加注重视觉元素和文字信息的传递，让人们在无声的环境中也能获得信息和娱乐。与有声视频相比，无声视频的制作成本更低，创作者可以更专注于视频的视觉效果和信息传递。

无声视频的出现与人们生活环境的改变和需求的变化密切相关。在公共场所、工作场所等环境中，人们需要安静，不能大声播放视频，这时无声视频就派上了用场。它依靠视觉元素和文字信息的表达，使观众在安静的环境中也能理解视频内容。此外，对于听力障碍者和对语言不熟悉的人群来说，无声视频更具有包容性，他们可以通过观看无声视频获取信息和娱乐。

在国际社交媒体平台上，无声视频已经得到了广泛应用。Facebook的一些新闻发布者会发布无声的新闻摘要，通过文字和图片来传达信息。Buzzfeed 的 Tasty 频道发布了大量无声烹饪教程，这些视频主要通过文字说明和视觉效果来展示制作美食的步骤。这些无声视频在社交媒体平台上得到了大量的分享和传播，说明了无声视频的传播效果和影响力。

"NowThis"（图 1-3）是一个专门发布无声新闻视频的媒体，视频通过文字字幕和强烈的视觉效果来吸引观众。

图 1-3　NowThis 官网

2012 年 4 月，美国首家以短视频形式报道新闻的媒体 NowThis 成功推出。NowThis 成立以后，短视频内容采用高度可视化、图像化配合文字叙事方式，用户即便选择在静音状态下观看，也不会影响对内容的理解。

NowThis 的内容制作新奇、有趣而又不失专业，从成立到 2014 年 7 月，视频点击量达到 100 万次。NowThis 利用社交平台实施多维传播策

第一章　短视频概述

略,到 2016 年 1 月时,视频总点击量突破 10 亿次,成为移动短视频新闻产品的模范。

在中国,可以制作无声视频的应用也逐渐增多。在抖音、微博等短视频平台上,越来越多的创作者开始尝试制作无声视频,包括无声的搞笑短片、无声的美食教程、无声的手工教程等。这些无声视频依靠视觉效果和文字信息吸引观众,使得观众在安静的环境中也能获得信息和娱乐。

中国的一些企业和品牌也开始尝试利用无声视频进行营销。一些服装品牌在抖音和微博上发布无声的服装搭配视频,通过文字和视觉效果展示搭配技巧和服装效果。这些无声视频能够在安静的环境中传达品牌信息,同时也能激发用户的购买欲望。

无声视频以其独特的优势,满足了人们在特定环境中的观看需求,正在成为短视频领域的一种重要形式,也为未来无声视频在短视频营销中发挥更大的作用提供了新的可能性。

(四)弹幕

弹幕是视频播放过程中,用户的评论以滚动文字的形式出现在视频上的互动方式。用户可以通过这种方式,在视频播放过程中实时发送评论,形成一种特殊的互动方式,这种方式可以增加用户的参与度和视频的互动性。

作为一种独特的社交互动形式,弹幕已经成为现代视频播放平台的一种新常态。这种互动方式的出现,使得视频观看体验更加生动有趣,增强了用户的参与度和黏性,也为创作者提供了即时的反馈。

在中国,B 站(哔哩哔哩)是最早引入弹幕系统的平台之一。特别在动漫评论区,许多用户都会在观看动漫视频时发布弹幕,让用户的观看体验更多元化和互动性。这不仅方便了观众之间的互动,也使得创作者能更好地了解观众的想法和感受,帮助他们优化作品。B 站的弹幕系统，使得其在国内二次元文化中的影响力得以巩固。

此外，如抖音、微信视频号等短视频平台也纷纷引入了弹幕功能。抖音是中国最大的短视频社交平台，其弹幕功能使得观众可以在观看视频的同时，看到其他人的评论和反馈，从而产生共鸣。这一功能的引入，使抖音平台的用户参与度大大提高，使其在短视频市场中的地位更加稳固。微信视频号将弹幕系统作为微信的新功能引入。微信视频号的用户群体广泛，通过弹幕功能，用户可以在观看视频的过程中实时发送评论，增加了微信视频号的互动性和用户黏性。

在国际应用中，YouTube 和 Twitch 也开始使用弹幕系统。YouTube 是全球最大的视频分享网站，其直播视频中也增加了弹幕功能，使直播互动性得到了增强。Twitch 则是全球最大的游戏直播平台，其游戏直播中的弹幕功能使得观众可以实时互动，增强了游戏直播的参与度和互动性。

弹幕的出现，不仅让短视频变得更加生动有趣，也为创作者提供了即时的观众反馈，帮助他们优化和完善作品。对于短视频营销者来说，弹幕是一种新的营销工具，可以用来获取用户反馈，进一步理解用户需求，以此来优化营销策略。

例如，某知名饮料品牌在抖音上发布了一系列短视频广告，广告中的演员和背景音乐都非常吸引年轻人。在这些广告视频播放时，许多观众都在弹幕中表达了他们的喜爱和购买意愿。这使得该品牌能够更好地了解其产品在年轻人中的受喜爱程度，以此调整营销策略。

短视频的表现形式多种多样，各种形式都有其特点和适用场景。短视频营销者可以根据自己的目标和策略，选择适合的表现形式。弹幕作为一种独特的互动形式，对于短视频的发展起到了推动作用，同时也为短视频营销者提供了新的可能。

三、类型

短视频类型多样，针对不同的内容和观众群体，可被划分为多个类型，如图1-4所示。每种短视频各具特色，可以为观众提供丰富多元的视觉体验。

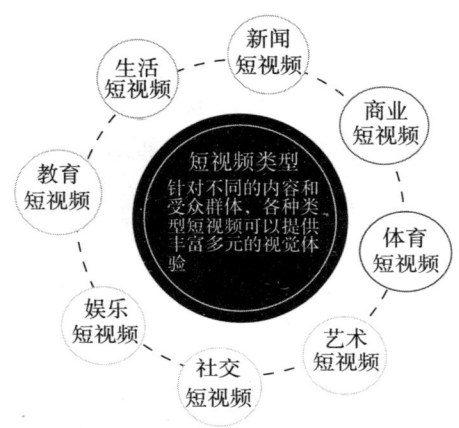

图1-4 短视频的类型

（一）娱乐短视频

娱乐短视频是指那些以娱乐为主要目的，能够让观众产生乐趣的视频。这类视频通常具有强烈的视觉冲击力和幽默感。

娱乐短视频具有广泛的内容，如搞笑短片、模仿秀、原创喜剧等，其目标是通过娱乐性内容让观众在短暂的时间内得到放松和愉快的心情。举个例子，抖音上的用户往往会发表一些搞笑的生活短片或舞蹈挑战，这些内容以其独特的幽默感和轻松愉快的氛围吸引了大量的观众。

娱乐短视频形式多样，根据内容和形式，可以分为以下几种类型。

搞笑短片。这类视频往往利用幽默的对白和夸张的表演吸引观众，如"papi酱"的短视频就是其中的代表。她的视频以独特的搞笑方式表达对生活的独特见解，深受年轻人的喜爱。

原创喜剧。这类视频通常需要创作者有一定的剧本编写能力和表演能力。如"怪味食品工厂"的短视频，其内容既有独特的剧情设计，也有搞笑的角色表演。

模仿秀。这类视频以模仿名人或者热门电影、电视剧为主，经常再现电影、电视剧中的经典桥段，以此吸引观众。

在营销方面，许多品牌已经意识到娱乐短视频的巨大潜力，并利用其进行品牌推广和产品销售。比如，某些饮料品牌会通过与网红合作，让他们在视频中穿插产品展示，或者制作关于产品的搞笑短片，以此增加产品的曝光度。再如，脱口秀演员在其视频中插入关于某保险公司的宣传片段，这种方式既增加了品牌的曝光度，也让观众在欢笑中接收到了广告信息。

娱乐短视频通过其独特的形式和内容，不仅给观众带来了欢笑，也为企业提供了新的营销渠道。随着技术的发展和用户需求的变化，娱乐短视频的形式和内容也会不断演进和创新，期待在未来看到更多有趣和新颖的娱乐短视频出现。

（二）教育短视频

在短视频时代，人们的信息获取方式发生了巨大的变化，越来越多的用户选择通过短视频来学习新的知识和技能。而教育短视频，就是在这种大背景下应运而生的一种全新的教学方式。这种方式以其简洁、易懂、高效的特点，逐渐赢得了大众的青睐。

教育短视频是一种以知识传播、技能教学为主的视频形式，让观众能够在短时间内获取所需的信息，帮助观众学习新知识和提升能力。这类视频通常涵盖各个领域，如科学、数学、历史、语言、编程等，为不同年龄和兴趣的观众提供了丰富的学习资源。教育短视频的制作者往往是专业人士或具有丰富经验的爱好者，他们通过生动的讲解、实例和图解等方式，将复杂的概念变得易于理解。同时，教育短视频也可以激发观众的学习兴趣，帮助观众培养自主学习的能力。

第一章　短视频概述

在国际市场上，已经有许多优秀的教育短视频平台，如可汗学院、TED 以及 Skillshare 等。中国的教育短视频市场同样充满活力，这主要得益于以下几个因素。

充足的市场需求。随着知识经济的发展，人们对知识的需求日益增强。特别是在快节奏的生活中，短视频形式的教育资源为大众提供了便捷的学习途径。

技术的推动。新媒体技术的进步，使得短视频制作更加简单，普通人也可以利用手机等设备，创作出丰富多彩的教育短视频。

政策的支持。我国政府对教育事业的大力支持，特别是对在线教育的鼓励，使得教育短视频得到了良好的发展环境。

在中国，"得到""熊猫君""微课堂"等平台都提供了大量的教育短视频。这些视频涵盖了从幼儿教育到大学教育，从科学知识到生活技能，从历史文化到国际视野等各个领域。它们以简短、精练的形式，传递着丰富的知识内容，为大众的学习生活提供了极大的便利。

在营销层面，许多企业也已经看到了教育短视频的巨大潜力。它们通过制作与自己产品相关的教育短视频，来增加自己的品牌曝光度，同时也为自己的产品增加了信誉度。例如，"联想"就曾经通过制作各种与电脑相关的使用技巧视频，既满足了用户的实际需求，也成功推广了自己的品牌。

教育短视频已经在中国形成了独特的市场格局，并已经在广大用户中树立起良好的口碑。随着技术的进步和市场的发展，教育短视频将会在未来取得更大的发展。

（三）生活短视频

生活短视频是一种记录日常生活中的点滴，如美食、旅行、宠物等方面的视频内容。这类视频通常以轻松愉快的方式展示生活中的美好时光，让观众在繁忙的现代生活中得到慰藉和放松。生活短视频的创作者通常会分享自己的生活经历、心得和感悟，与观众建立紧密的情感联系。此外，生活短视频还可以传播正能量和价值观，激励观众积极面对生活挑战。

生活短视频一直是短视频领域中非常重要的一个类型。随着人们生活水平的提高和生活方式的多元化，更多的人开始尝试通过生活短视频来记录和分享自己的生活。

在我国，人们展示生活短视频的平台主要有抖音、快手、微视等平台，这些平台为大众提供了展示自我和分享生活的舞台。平台上的生活短视频形式多样，有的人记录自己的日常生活，有的人分享自己的兴趣爱好，还有的人将自己的故事和感悟分享给大家。生活短视频以其真实、亲近和富有生活气息的特点吸引了大量的用户，为大家提供了一个可以亲近、接触真实生活的平台。

对于企业来说，生活短视频也提供了一个全新的营销方式。通过生活短视频，企业可以更真实、生动地展示自己的产品或服务，使消费者能够更直观地了解产品的使用方法和效果，从而提高产品的吸引力和影响力。

例如，日本家居品牌无印良品（MUJI）就曾经通过抖音平台发布了一系列的家居生活短视频。这些视频展示了MUJI的家居产品在日常生活中的应用场景，既提高了产品的曝光率，也使消费者更好地理解了MUJI的品牌理念。

许多餐饮品牌也利用生活短视频来推广自己的美食，如星巴克、麦当劳等。品牌方通过发布自己的新品发布、制作过程、优惠活动等短视频，吸引了大量的关注和转发，使得自己的品牌得到了更广泛的传播。

生活短视频以其生动、真实、接地气的特点，在我国短视频市场取得了很大的成功。随着技术的进步和用户需求的增长，生活短视频也必将在未来的营销市场中取得更大的发展。

第一章　短视频概述

（四）新闻短视频

新闻短视频通常是指那些提供新闻报道或者新闻分析的短视频，通常将新闻内容压缩至较短的时间内，可以将关键的新闻信息快速传递给观众。

新闻短视频通常是以新闻报道、评论等形式来传递时事信息和观点，这类视频通常以简洁明了的方式呈现新闻内容，让观众在短时间内获取最新的、重要的信息。在抖音、快手等短视频平台上，新闻类的创作者也会发布短视频新闻，以图文并茂的形式吸引观众。

新闻短视频的流行反映了现代人快节奏的生活需求和数字化媒体的发展趋势。对于消费者来说，短视频新闻提供了一种快速获取新闻和时事信息的方式；对于新闻机构和记者来说，也提供了一种新的表达方式和观众互动方式。在我国，新闻短视频的应用表现得相当活跃，并且创新的营销案例层出不穷。

新闻短视频的制作团队通常包括专业的记者、编辑和评论员，他们会从各种渠道收集资料，进行深入的分析和独立的思考，以确保新闻的真实性和客观性。此外，新闻短视频还可以提高观众对时事的关注度，培养公民的社会责任感和参与意识。

例如，新华社的新闻短视频"新华微视频"已经在国内取得了显著的影响力。新华微视频的内容通常包括国内外重要新闻、深度报道、热门话题等，每个视频的长度一般在 2~3 分钟，以适应用户快速浏览的习惯。新华社利用强大的新闻采集能力和专业的制作团队，保证了短视频新闻的时效性和专业性，吸引了大量用户的关注。

腾讯新闻是另一个在新闻短视频方面做得比较出色的例子。其在自己的 App 和各大社交媒体平台发布大量的新闻短视频，内容涵盖政治、经济、社会、科技等各个领域。这些短视频以生动的图像和紧凑的语言传递新闻信息，吸引了大量年轻用户的关注。同时，腾讯新闻还与多个商家进行合作，通过短视频新闻的播放，实现了有效的广告投放，收获了良好的商业效果。

针对年轻用户，网易新闻推出了"一分钟看天下"这一新闻短视频产品。这些视频通常不超过一分钟，集中报道一两个重要的新闻事件。短小精悍的表达方式符合年轻人的观看习惯，也在短时间内吸引了大量的用户关注。

新闻短视频的流行，既是新闻传播方式的一种创新，也是媒体机构和新闻人士对新技术、新媒体的积极应对。它们既服务于用户，提供了新的信息获取方式，也推动了新闻业的发展。同时，新闻短视频的快速传播，也给营销人员提供了新的机会，让他们可以通过这种新型的媒体形式，更有效地触达目标用户，实现营销目标。

（五）商业短视频

商业短视频是以商品展示、营销推广等为主的视频形式，帮助商家实现转化和增长。这类视频通常具有高度的视觉吸引力和创意表现力，通过展示产品的特点、优势和使用场景，激发观众的购买欲望。商业短视频的制作团队通常包括市场策划、设计师、摄影师等专业人士，他们会运用各种手法和技巧，打造独特的品牌形象和传播效果。此外，商业短视频还可以作为一种数据驱动的营销工具，帮助企业优化广告投放和用户画像。

作为一种新的广告形式，商业短视频已经在全球范围内得到了广泛的应用，而在中国这个全球最大的互联网市场中，商业短视频的作用更为显著。

抖音作为中国最大的短视频平台之一，拥有大量的商业短视频内容。这些内容包括品牌的产品介绍、用户评价以及各种有趣的互动挑战等，为品牌提供了广阔的展示空间。与传统的电视广告或者网页广告相比，商业短视频更具有互动性和观赏性，能够更好地吸引用户的注意力，从而提高转化率。

第一章　短视频概述

我国的化妆品品牌"完美日记"就是利用抖音短视频营销的一个案例。完美日记会定期在抖音上发布关于其产品的介绍视频，还会邀请一些有影响力的网红进行产品试用并分享试用感受。这种营销方式不仅增加了品牌的曝光度，还通过真实的用户反馈增加了消费者的信任感，提高了销售量。

我国汽车品牌比亚迪也利用抖音发布商业短视频，进行了成功的营销活动。比亚迪发布的一系列短视频展示其新款电动汽车的外观设计、驾驶体验以及环保性能等特点。这些视频吸引了大量的用户关注，增加了新款车型的销售量。

我国的饮料品牌脉动在抖音上发布一系列舞蹈挑战视频，邀请用户模仿并上传自己的舞蹈视频。这种活动不仅让用户亲身参与到品牌推广中来，还有效地提升了脉动的品牌认知度。

在我国，商业短视频已经成为企业营销的重要手段之一。随着技术的发展，商业短视频的形式和内容也将更加丰富和多元，为企业提供更多的营销可能性。

（六）体育短视频

体育短视频是以体育内容为主的短视频，短时间内传递精彩的体育赛事、比赛瞬间、运动员的表现以及幕后的故事，为体育迷提供了一个方便快捷的获取体育信息和观看体育赛事的渠道，满足用户对体育的关注需求。这种类型的短视频在我国得到了广泛的应用和发展。

体育短视频的制作团队通常具有丰富的体育知识和专业技能，他们会通过精心的剪辑和评论，展现运动员的拼搏精神和比赛的激情。此外，体育短视频还可以增强观众的运动参与度，培养健康的生活方式和价值观。

我国知名的体育品牌李宁进行的短视频营销策略，就充分利用了体育短视频的特性。在一系列的短视频中，李宁品牌方展示了自己的运动产品在各种体育活动中的表现，同时也突出了运动员的精彩表现和拼搏精神，成功吸引了大量的体育爱好者和消费者。此外，品牌方还经常邀请知名的运动员和影视明星参与视频的拍摄，增加了视频的吸引力和影响力。

我国体育视频网站 PP 体育也推出了大量的体育短视频，涵盖了各种体育赛事和新闻。这些视频通常以精彩的比赛片段、独特的运动员访谈、深度的赛事分析等形式呈现，吸引了大量的体育迷。并且，PP 体育还与各种品牌进行合作，将他们的广告植入短视频中，实现了广告的有效传播。

阿里体育在抖音平台上也积极发表体育短视频，报道包括篮球、足球、乒乓球等体育赛事的新闻和比赛精彩瞬间，同时也推出了许多运动员的访谈和专题视频，深受观众喜爱。这些视频除了提升了阿里体育的品牌知名度，也为其引来了大量的流量和用户。

如今我国各种企业和机构都在利用这种新型的媒体形式进行品牌推广和市场营销。通过短视频，品牌企业不仅能够更好地展示自己的品牌和产品，也能够更有效地触达目标用户、实现营销目标，体育短视频也因此在我国得到了广泛的应用和发展。

（七）艺术短视频

艺术短视频是以展示音乐、舞蹈、绘画等艺术创作过程或成果为主的视频类型，展示艺术家的才华和创意。这类视频通常具有高度的审美价值和表现力，为观众带来美的享受和启示。

艺术短视频通常包含多种艺术形式，展示艺术家们的创造才华和独特视角。由于短视频的时长限制，艺术短视频往往需要在有限的时间内展现出极高的艺术价值，因此每个艺术短视频都是一次对艺术家技艺和创意的考验。

我国许多艺术家和艺术机构已经发现了短视频的营销价值，开始将自己的艺术创作过程和成果通过短视频的形式展示给观众。例如，视频分享平台优酷推出了一个名为"大师微电影"的系列节目，邀请多位知名的电影导演和演员参与，通过微电影的形式向观众展示他们的艺术创作过程和作品。这些微电影短小精悍、情节紧凑，既展示了电影大师们的艺术才华，又将观众的注意力成功吸引到优酷平台上。

作为我国的社交媒体平台，抖音和 B 站也是艺术短视频的热土。许多艺术家将自己的创作过程、艺术作品以及与艺术相关的生活瞬间上传到这些平台，吸引了大量的观众关注。比如，B 站上的绘画教程短视频，艺术家详细展示自己的创作过程，教授一系列的绘画技巧，这样既向观众展示了艺术家的技艺和才华，同时也吸引了大量热爱绘画的观众学习和交流，形成了良好的艺术氛围。

在抖音平台，许多舞者和音乐家也经常发布他们的舞蹈和音乐短视频，这些短视频中充满了艺术的魅力和创意，为观众带来了极大的视听享受。比如，有些舞者会发布他们自己编排的舞蹈短视频，展示他们的舞蹈技巧和表演才华，吸引了大量的舞蹈爱好者和观众。

艺术短视频还可以传播艺术的价值和意义，激发观众的创造力和想象力。艺术短视频在我国的应用和发展非常广泛，艺术短视频的创作者往往是热爱艺术的人士，许多艺术家和艺术机构都在利用这种媒体形式进行艺术创作和传播，通过不断的探索和实践，创作出独特的作品。

不仅如此，艺术短视频也成功吸引了大量的观众关注，为他们带来了艺术的启示和美的享受，同时也成功推广了艺术家和艺术机构的品牌和作品。

（八）社交短视频

社交短视频是当下最受欢迎的媒体形式之一，它以个人展示、互动交流为主，帮助用户建立社交联系和扩大人脉。这种新型媒体形式的崛起，很大程度上反映了当代年轻人的生活态度和审美观念。他们在自拍、

新营销——短视频与营销模式

直播、挑战等形式的短视频中，分享自己的生活点滴、兴趣爱好和情感状态，与观众建立亲密的关系。社交短视频不仅是一种自我表达的方式，也是一种自我价值实现的平台，满足了用户的认同感和归属感需求。

在我国，抖音和快手等社交短视频平台的崛起，为这种自我表达提供了充分的空间。这些平台拥有庞大的用户基数，使得任何一个有创意的个人创作者都有可能在短时间内收获大量的关注和认同。这种互动性和参与性非常高的媒体形式，改变了传统媒体的传播方式，让信息的传播更加民主化，也使得个体的声音得以被更多人听见。

对于企业而言，社交短视频也成为一种重要的营销工具。企业既可以通过与短视频创作者的合作，借助其影响力来推广品牌和产品，也可以自行制作短视频，展示其品牌文化和产品特点。例如，食品品牌奥利奥就通过发起短视频挑战活动，鼓励用户制作和分享包含奥利奥元素的创意短视频，通过这种方式，奥利奥成功地提升了品牌影响力，并刺激了消费者的购买欲望。

电商巨头京东也同样在社交短视频平台上有自己的官方账号，发布各种关于其服务的短视频，如新品推介、购物指南、售后服务等。这些内容既展示了京东的品牌形象，也为消费者提供了有价值的信息，从而提高了京东的品牌好感度和消费者的购买意愿。

社交短视频在我国的发展日新月异，已经成为个人和企业表达自我、分享生活和进行营销的重要平台。可以预见，社交短视频必将会在我国的社会生活中发挥更加重要的作用。

第三节 短视频平台及其特征

伴随着短视频行业的蓬勃发展，各种短视频平台应运而生，为用户提供了丰富多样的内容选择。了解短视频平台的发展和特征，有助于更好地把握短视频行业的现状与趋势。

下面将对主要短视频平台的特点、市场定位和用户群体等方面的差异进行介绍，深入探讨短视频平台的特征，如算法推荐、社交属性、用户生成内容（UGC）及激烈竞争等。此外，还将关注短视频平台面临的挑战和机遇，以及在应对这些问题方面的策略和举措。

一、主要短视频平台介绍

短视频平台在当今社交媒体的中扮演着重要角色，不仅为用户提供了创作和表达的机会，也成了娱乐消费和社交互动的重要渠道。这些平台通过短小精悍的视频内容吸引了数以亿计的用户，成了信息传播和娱乐消费的主要方式。在这些平台中，抖音、快手、YouTube Shorts、Instagram Reels 和 TikTok 等短视频平台比较受网友欢迎，并被广泛使用。主要短视频平台如图 1-5 所示。

图 1-5 主要短视频平台

（一）抖音

抖音（见图 1-6），由北京抖音信息服务有限公司（原名北京字节跳动科技有限公司）于 2016 年推出，目前已成为全球最大的短视频社交平台之一。该平台以内容丰富、互动性强等特点著称，用户可以在平台上观看、点赞、评论和分享各类短视频。

图 1-6　抖音

　　抖音以其独特的推荐算法,为用户提供了高度个性化的内容推荐,无论是音乐、舞蹈、美食、旅行、搞笑,还是时尚、科技、教育等领域,用户都可以在抖音上找到自己感兴趣的短视频。

　　抖音以"记录美好生活,发现每一刻新奇"为宗旨,用户可以轻松上传和分享自己的生活瞬间,同时也可以观看和点赞他人的创作。抖音强大的社交互动功能,使得用户可以通过点赞、评论、转发等方式与其他用户进行互动,形成了一个生动活跃的社区。

　　在营销方面,抖音为品牌和商家提供了丰富的营销工具和机会。通过抖音,品牌和商家可以与数亿用户直接接触,发布产品信息,进行品牌宣传,甚至直接进行电商销售。为了进一步推动商家和品牌在抖音平台的营销活动,抖音还推出了"抖音小店"等多种电商功能,让用户在观看视频的同时,可以直接购买视频中的产品。

　　在我国,许多企业和品牌已经成功利用抖音进行了短视频营销。比如,化妆品品牌完美日记,就通过在抖音平台上发布各种化妆教程和产品展示视频,吸引了大量的年轻用户,并成功提升了品牌的知名度和销售额。另外,宝洁、可口可乐等大型跨国公司,也在抖音上发布了多个短视频广告,有效提升了他们的品牌影响力。

　　此外,抖音还经常举办各类线上活动和挑战赛,如"我在抖音等你挑战""疯狂造物节"等,用户只需按照活动规则创作并上传相关短视频,就有机会获得丰厚的奖品,这不仅增强了用户的参与感,也为品牌和商家提供了与用户深度互动的机会。

抖音作为中国最大的短视频平台，其丰富的内容、强大的社交互动功能和先进的营销工具，为用户、创作者和商家提供了无尽的可能性。

作为国内最受欢迎的短视频平台之一，抖音凭借其独特的推荐算法，为用户提供了高度个性化的内容推荐。抖音平台内容丰富多样，涵盖了舞蹈、美食、旅行、搞笑、时尚等众多领域。在抖音平台上，用户可以轻松找到自己感兴趣的内容，同时与其他用户互动、交流和分享。

（二）快手

快手（见图1-7）是一款我国国内主流的短视频平台，以记录真实生活、分享草根故事为主。

快手以其独特的定位和广泛的用户基础，在短视频市场上占有重要的地位。不同于抖音的繁华与娱乐性，快手更注重用户生活的真实记录，是一个人人都可以找到归属感的平台。

快手致力于打造"记录与分享每一个人的生活"的社交平台。在这里，每个用户都可以轻易地记录和分享他们的生活点滴，也可以通过观看别人的视频，感受到不同地区、不同职业、不同生活方式的人们的生活状态。这些视频内容从最普通的生活琐事到各种特色才艺，都显得十分真实、质朴，让人感到亲切。

这种亲民的定位使得快手得到了广大用户的喜爱，尤其在中小城市和农村地区，快手有着极高的市场占有率。这些用户构成了快手的核心用户群体，也形成了快手特色的社区文化。

在这个平台上，企业也找到了适合自己的营销方式。比如，华为手机曾经在快手上进行了一场"华为手机摄影大赛"，鼓励用户使用华为手机拍摄生活中的美好瞬间，并上传到快手上。这种方式既展示了华为手机的拍摄功能，又鼓励了用户参与，活动得到了广大用户的热烈响应。

此外，快手还推出了直播和短视频购物等功能，这使得平台更具吸引力和实用性。用户可以通过直播，实时看到产品的真实效果，也可以通过短视频，快速了解产品的详细信息。这些功能使得快手成了一个综合性的社交电商平台，为用户提供了一个便捷的购物渠道，也为企业提供了一个有效的销售途径。

快手以其特有的用户文化和全面的功能，吸引了大量的个人用户和企业。未来，快手有望在短视频市场中扮演更重要的角色，为更多的人提供记录和分享生活的平台，也为更多的企业提供有效的营销途径。

图 1-7　快手

（三）YouTube Shorts

YouTube Shorts（见图 1-8），由全球最大的视频分享平台 YouTube 在 2020 年推出，是针对移动设备用户推出的短视频服务。用户可以在平台上观看、上传和分享短视频，时长为 60 秒以下。YouTube Shorts 是 YouTube 自身服务的重要补充。

图 1-8　YouTube Shorts 和 YouTube

YouTube Shorts 与普通 YouTube 视频共享同一平台，为用户提供更多元化的内容选择。YouTube Shorts 作为 YouTube 的补充和延伸，继承了 YouTube 丰富的内容资源和广泛的用户基础。用户在观看 YouTube 视频的同时，可以轻松切换到 YouTube Shorts，获取更多短视频内容。YouTube Shorts 支持全球范围内的创作者参与，使得平台的内容更加多样和国际化。而且，YouTube Shorts 支持全球的创作者上传内容，使得其内容更加丰富和多元，覆盖了音乐、舞蹈、美食、旅行、科技、教育等各个领域。

YouTube Shorts 的推出，既满足了用户对短视频内容的需求，又拓宽了创作者的创作空间。与此同时，YouTube Shorts 也为品牌和商家提供了新的营销机会。它们可以通过发布产品介绍、教程、行业分析等短视频，直接接触到全球的消费者，有效提升品牌知名度和产品销量。如中国的电子产品制造商华为，就在 YouTube Shorts 上发布了多个产品介绍和操作教程视频，为全球的用户提供了便利，同时也提升了华为品牌的国际影响力。

YouTube Shorts 作为 YouTube 的短视频服务，其丰富的内容、全球的创作者群体，以及与 YouTube 的无缝结合，为用户、创作者和商家提供了全新的视频体验和无尽的可能性。

（四）Instagram Reels

Instagram Reels 是 Instagram（见图 1-9）在 2020 年推出的短视频功能，用户可以在平台上观看、创作和分享短视频，每个视频的最大长度为 30 秒。这项功能引入了短视频元素，不仅丰富了 Instagram 的内容形式，也增加了平台的互动性，吸引了大量新的用户和创作者。

图 1-9 Instagram

Reels 为 Instagram 带来了短视频元素，提升了平台的活跃度和吸引力。作为 Instagram 的一项新功能，Reels 成功地将短视频与图片分享相结合，为用户带来更多样化的表现方式。在 Reels 上，用户可以发挥自己的创意，制作各种有趣、引人入胜的短视频。与 Instagram 的其他功能相互融合，Reels 进一步丰富了用户在平台上的社交互动体验。Instagram Reels 也面向全球用户，拥有庞大的国际创作者群体，为用户带来了世界各地的短视频作品。

Reels 的特性如自动播放、全屏显示等都使得它非常适合手机端的浏览体验。用户可以在平台上制作和分享有趣、创新的短视频，同时也可以观看其他创作者的作品，发现全球各地的短视频内容。

Instagram Reels 不仅为用户和创作者提供了新的互动和创作空间，也为品牌和商家提供了新的营销机会。企业和品牌方可以通过在 Reels 上发布产品介绍、教程、行业分析等短视频，直接接触到全球的消费者，有效提升品牌知名度和产品销量。

作为 Instagram 的短视频服务，Instagram Reels 以其丰富的内容、全球的创作者群体以及与 Instagram 的无缝结合，为用户、创作者和商家提供了全新的视频体验和无尽的可能性。

（五）TikTok

作为字节跳动旗下的一款海外短视频分享平台，TikTok（见图 1-10）自 2016 年推出以来，以其独特的推荐算法和丰富的内容资源，在全球范围内引起了广泛关注，积累了数亿活跃用户。在整个短视频市场中，TikTok 以其独特的魅力和巧妙的运营策略，成了全球领先的短视频分享平台。

图 1-10　TikTok

TikTok，也被称为海外版本的抖音，是一款为全球用户提供的短视频分享和发现平台。自推出以来，TikTok 已经在全球范围内获得了巨大的成功。与抖音类似，TikTok 也以内容丰富、互动性强等特点吸引海外用户。TikTok 在全球范围内广受欢迎，拥有庞大的用户基础和丰富的内容资源。在 TikTok 平台上，用户可以观看、点赞、评论和分享各类短视频。TikTok 为用户提供了个性化的内容推荐，涵盖了各种领域和话题。此外，TikTok 还鼓励用户参与各类挑战和活动，增强了平台的活跃度和用户黏性。

TikTok 平台的核心优势在于其精细化的运营策略和独特的推荐算法。无论是疯狂的挑战赛，还是海量的 UGC 内容，都让 TikTok 充满了无穷的新鲜感和活力。而其强大的推荐算法，更是能够准确捕捉到每一位用户的兴趣点，为用户推荐出最符合他们口味的短视频，从而保持了极高的用户黏性。

TikTok 还凭借其全球化的运营视野，吸引了众多国内外公司和品牌。例如，国际知名化妆品品牌 L'Oreal Paris 就曾在 TikTok 上推出过"我就是这么美"的化妆挑战赛，引发了全球数百万用户的参与，为品牌在全球范围内积累了巨大的曝光度。同时，国内的电影和电视剧也经常在 TikTok 上发布预告片和花絮，如《流淌的美好时光》《我和我的祖国》等，通过短视频形式引发观众的期待，提高影片的关注度。

TikTok 在国内的营销案例也很多。例如，国内知名手机品牌小米就曾经通过在 TikTok 上发布新产品发布会的直播预告和花絮，吸引了大量用户的关注。食品品牌蒙牛也通过在 TikTok 上发布极有趣味的挑战赛，推广其新产品，收获了良好的市场反响。

TikTok 凭借其强大的用户基础、高度个性化的推荐系统以及丰富的内容类型，已经成为全球最热门的短视频平台之一。对于品牌和创作者来说，TikTok 不仅提供了一个展示自我和传播信息的平台，也是一个连接全球观众，实现品牌全球化的重要工具。企业可以通过短视频形式连接全球用户，传播信息，进一步实现品牌全球化。如今的 TikTok 已经成为全球短视频市场的一块重要拼图。

这几个当前最热门的短视频平台各具特色、各有优势，吸引了全球广大用户的关注和使用。无论是在个人生活中还是在商业领域，这些短视频平台都扮演着不可或缺的角色，推动着短视频文化的蓬勃发展。

二、短视频平台特征

在如今信息爆炸的时代，短视频平台以其独特的特性和丰富的内容吸引了大量用户。短视频平台虽各有特点，但都具备如下主要特征（见图1-11）。

算法推荐	社交属性	用户原创内容	竞争激烈
平台核心特征	社交功能丰富	以用户为主体	不断创新优化

图1-11　短视频平台特征

（一）算法推荐

算法推荐是短视频平台的核心特征之一，如今这一技术已经在许多知名的短视频平台上得到了广泛的应用，其中以抖音最为典型。

算法推荐的工作原理，就是当用户在短视频平台上浏览、搜索、点赞或分享视频时，这些行为都会被记录下来。平台的推荐算法会根据这些数据来分析用户的兴趣和偏好，进而向用户推荐他们可能感兴趣的视频内容。这种方式使得每个用户都能在短视频平台上享受到高度个性化的服务，大大提高了用户的满意度和使用时长。

在我国短视频领域，算法推荐的应用已经非常广泛，许多知名的短视频平台都采用了这种技术。比如，打开抖音，首先呈现在用户眼前的就是一系列精选的短视频，无论是搞笑的、教育的还是情感的，都非常符合用户的兴趣。这都是因为抖音强大的推荐算法在背后默默地工作，如图1-12所示。用户每一次在抖音上的行为，都会被算法记录和分析，然后算法会根据这些数据向用户推荐他们可能感兴趣的视频内容。

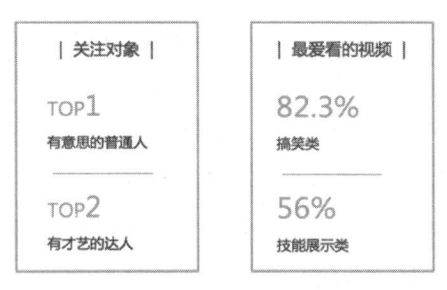

关注对象	最爱看的视频
TOP1 有意思的普通人	82.3% 搞笑类
TOP2 有才艺的达人	56% 技能展示类

图 1-12 抖音平台特征数据

算法推荐在短视频营销中起着非常关键的作用。由于短视频平台的用户群体巨大，因此，如何精确地向用户推荐他们感兴趣的内容，成了各大短视频平台争夺用户的关键战场。借助算法推荐，短视频平台能够在短时间内为用户提供他们感兴趣的内容，这不仅增强了用户的使用体验，也大大提高了平台的用户黏性。

在短视频营销案例中，算法推荐得到了大量应用。

抖音就是一个典型的算法驱动的短视频平台。创作者打开抖音时，首先呈现在眼前的就是一条条精选的短视频，而且每一条都非常符合创作者的兴趣。创作者可能会好奇，为什么抖音总能精准地推荐自己喜欢的内容，其实这就是算法推荐的魔力。用户每一次在抖音上的行为都会被算法记录和分析，抖音的推荐系统会综合分析用户的观看时长、点赞、评论、分享等数据，为用户推送符合其兴趣的短视频。短视频平台通常采用算法进行内容推荐，以满足用户个性化需求。

"快手"的 UGC 营销也是借助了算法推荐。作为一个知名的短视频平台，"快手"的营销策略主要是通过鼓励用户生成内容（UGC）来吸引用户。平台会推出一些用户乐于参与的活动，然后利用算法推荐技术将这些活动推送给可能感兴趣的用户。这种方式不仅可以提高用户的参与度，也可以产生大量的用户内容，进一步提升平台的活跃度。

以上两个案例都充分证明了算法推荐在短视频营销中的重要作用。算法推荐能为平台提供强大的支持，帮助平台精准地把握用户的需求，从而提高用户的满意度和使用时长。由此可见，算法推荐是现代短视频营销的核心技术之一。短视频平台借助算法推荐系统，可以根据用户的观看历史、兴趣爱好、地理位置等信息，为用户推送更加个性化的内容。推荐系统的智能化程度直接影响到用户在平台上的体验和满意度。这种智能推荐让用户可以在短时间内浏览到更多自己感兴趣的内容，从而提高用户在平台上的停留时间。因此，各大短视频平台都在不断优化推荐算法，力求为用户提供更加精准、高质量的内容推荐。

（二）社交属性

短视频平台不仅是观看和分享视频的地方，还是用户之间进行互动、交流的社交平台。短视频平台具有丰富的社交功能，让用户在消费内容的同时，可以参与到内容的创造和传播中来。在这里，用户可以点赞、评论、分享视频，也可以关注其他用户并进行互动。这些社交功能增强了用户的参与感和归属感，有助于形成用户黏性，也使得平台内容传播更为迅速和广泛。

点赞与评论是最基本的社交互动方式。通过点赞，用户可以表达他们对某个视频的喜欢，而通过评论，用户则可以分享他们对视频的观点和感受。这种互动方式不仅可以提高用户的参与度，也可以帮助内容创作者了解他们的作品是否受欢迎，以及观众的反馈和建议。

分享是短视频传播的关键环节。通过分享，用户可以将他们喜欢的视频推荐给他们的朋友和关注者。这种方式可以让更多的人看到视频，从而提高视频的曝光度。在一些短视频平台上，如抖音和快手，用户甚至可以直接将视频分享到其他社交媒体，如微信和微博，进一步扩大视频的传播范围。

关注是建立和保持社区关系的一种重要方式。用户可以关注他们喜欢的内容创作者，以便能够及时获取他们的最新作品。此外，用户还可以通过私信等方式，与内容创作者或其他用户进行直接的互动。这种方式可以进一步增强用户的参与感和归属感。

以上这些社交属性被广泛应用，这种方式不仅可以帮助用户找到他们感兴趣的内容，也可以使他们感到自己是一个活跃的社区成员。比如，在快手平台上，创作者不仅可以上传自己的短视频，也可以在别人的视频下留言，分享创作者的想法和感受。如果某个创作者喜欢其他创作者的作品，就可以关注他，以便第一时间收到他的最新作品。这种互动性不仅使得用户感到愉快，也为内容创作者提供了反馈和动力。

在营销方面，社交属性的应用同样至关重要。品牌和商家可以通过短视频平台，与目标消费者建立直接的联系，了解他们的需求和反馈，从而更好地为他们定制产品和服务。例如，餐饮品牌"热辣一号"就成功利用了抖音平台的社交属性，通过发布各种吸引人的短视频，与消费者进行互动，成功提高了品牌的知名度和影响力。

（三）UGC（User Generated Content）

短视频平台的内容主要来自用户自发产生的作品，这种以用户为主体的内容生成方式被称为用户生成内容（UGC）。UGC模式是当前短视频平台的重要特征之一，这种模式将用户从单纯的内容消费者转变为内容创作者，极大地丰富了短视频平台的内容种类，同时也提高了用户的参与度和黏性。在这个模式下，所有的视频都是由用户自己创作和上传的，形成了一种独特的生态系统。

抖音成为国内最大的短视频平台，UGC模式在此起到了关键作用。平台用户可以通过手机轻松拍摄和编辑视频，再配以音乐、特效、字幕等元素，创造出各种各样的短视频，如搞笑段子、生活分享、美食制作、美妆教程、技能展示等。这些内容都是由用户自己创作的，他们既是内容的观看者，也是创作者。这种模式不仅满足了用户的表达需求，也丰富了平台的内容库，使得平台内容形式多样，内容创作者和观众均能在其中找到各自感兴趣的内容，满足了用户的多元化需求。

快手平台也是一个典型的UGC模式的短视频平台。快手鼓励用户记录真实生活，分享草根故事，平台上涌现出了许多受欢迎的草根明星。这种模式使得快手平台具有极高的内容多样性，吸引了广泛的用户群体。

UGC模式的另一大优势在于它的社区化特性。创作者不仅可以上传自己的作品，还可以与观众互动，收集观众的反馈，进一步优化和改进作品。这种社区化特性不仅强化了用户的参与度和归属感，也让内容创作者有了持续创作的动力。

UGC模式使得短视频平台具有极高的内容多样性和创新性，为用户提供了丰富的观看体验。然而，UGC模式也带来了一定的挑战，如内容质量参差、内容审核困难等。因此，短视频平台需要在鼓励用户创作的同时，加强对内容质量的把控和监管。为解决这些问题，一些平台已经开始采取行动。比如，抖音和快手都采取了一系列措施，如设置内容审核机制、建立举报系统、推出优质内容激励计划等，以提高平台内容质量，提供更好的用户体验。

在营销方面，UGC模式也有显著优势。商家可以借助短视频平台，通过发布产品展示、教程、用户评价等形式的短视频，吸引和互动用户，提高产品的知名度和销售量。比如，完美日记就成功利用了UGC模式，邀请用户分享化妆教程和产品评价，有效提高了品牌的曝光度和影响力。

（四）竞争激烈

短视频市场的火爆吸引了众多企业和创业者的关注，使得市场竞争日益激烈，为了从竞争中脱颖而出，各大短视频平台都在不断进行产品创新、优化用户体验、拓展商业模式等方面的尝试，以此来吸引用户和广告主。创作者也在不断提高自己的创作水平，争取更多的粉丝和关注。

抖音和快手就是两个竞争非常激烈的短视频平台。为了吸引和留住用户，两个平台不仅提供了丰富的内容，也不断推出新的功能和活动。

同时，平台也为创作者提供了各种激励机制，鼓励创作者创作更优质的内容（见图1-13）。在这种竞争环境下，无论是平台还是创作者，都必须不断创新和进步，才能在市场中立足。

抢占碎片时间
对注意力需求不高，不容易走神
15秒→碎片化的5分钟=20+个视频

精准投你所好
5分钟摸清你的口味
精准推送符合你的喜好
一键下滑降低决策成本

短视频平台 15 秒 让你上瘾

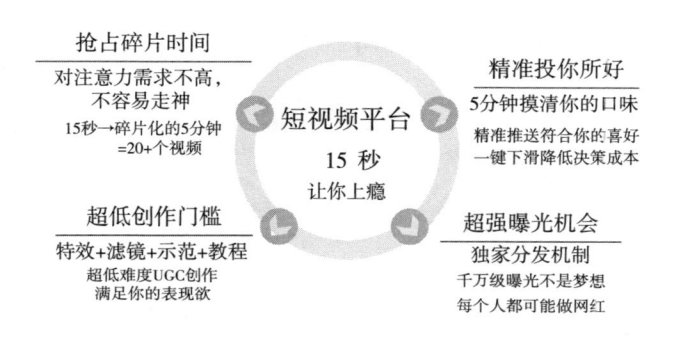

超低创作门槛
特效+滤镜+示范+教程
超低难度UGC创作
满足你的表现欲

超强曝光机会
独家分发机制
千万级曝光不是梦想
每个人都可能做网红

图 1-13　短视频平台利用优势展开激烈竞争

YouTube Shorts在短视频领域的推出，是YouTube对抖音、TikTok等短视频平台的竞争策略。YouTube Shorts为用户提供了一个观看、上传和分享短视频的新渠道，帮助YouTube吸引更多的用户和广告主。此外，YouTube Shorts还与普通YouTube视频共享同一平台，为用户提供了更多元化的内容选择，进一步提高了用户在平台上的停留时间。

如今的短视频行业正处于一个快速发展的时期，各个平台个性化的算法推荐、丰富的社交功能、用户生成的内容以及激烈的竞争环境，塑造了一个充满活力和创新的媒体世界。在这个世界中，每个人都可以发现和表达自己，也可以感受到社区的温度和活力。这就是短视频平台的魅力所在，所以它能在短时间内快速崛起并成为主流媒体形式。

随着技术的进步和市场的不断扩大，短视频平台将为用户带来更加丰富、高质的内容体验。同时，各大短视频平台也需要不断创新、加强合作，以满足用户的需求和期望，共同应对行业的挑战和机遇，实现可持续发展。

三、短视频平台的竞争和发展趋势

随着短视频行业的高速发展，各大短视频平台之间的竞争也日趋激烈。为了在市场中脱颖而出，各平台都在不断创新和优化，力求为用户带来更优质的内容和服务（图1-14）。

图1-14 短视频平台优化与创新

（一）内容创新

短视频平台的内容创新旨在满足用户日益增长的内容需求，通过发掘和推广新的内容类型，培养和扶持优秀的内容创作者，以及推出独特的活动和话题，来增强平台的竞争力和吸引力。

短视频内容的多样性是其吸引用户的关键因素之一。短视频平台已经从最初的搞笑、舞蹈等轻松的娱乐内容，扩展到科技、教育、旅游、健康、艺术、商业等领域，满足了不同用户的需求。比如，科技类的短视频可以展示最新的科技发展和产品，教育类的短视频可以提供有价值的学习内容和教程，旅游类的短视频可以分享美丽的景点和旅行经验。内容的多样化使得短视频平台能够覆盖更广泛的用户群体，同时也提供了丰富的内容，使用户可以在这些平台上找到自己感兴趣的内容。

此外，短视频平台也非常重视培养和扶持优秀的内容创作者。平台通过提供创作工具、培训和教育，甚至是提供资金支持，来鼓励创作者创作高质量的内容。比如，一些短视频平台会定期举办创作者大赛，邀请创作者提交自己的作品，获胜者不仅可以获得奖励，也可以得到平台的推广和支持。

短视频平台也会推出各种活动和话题，鼓励用户的参与和互动。这些活动和话题旨在激发用户的创造力，鼓励他们创作和分享自己的内容。例如，抖音平台经常推出各种挑战和活动，鼓励用户参与其中，创作和分享自己的短视频。此外，抖音还通过算法技术发掘和推广新的热门话题，引导用户参与讨论和创作。这些活动和话题不仅让用户有了参与感，也使得平台的内容更加多元化和有趣。

（二）技术升级

技术升级是推动短视频平台发展的重要动力。优化的推荐算法、高质量的视频播放体验以及丰富的社交功能，这些技术升级都在努力优化用户的观看和互动体验，增强平台的吸引力和用户黏性。

推荐算法是短视频平台的关键技术之一。通过大数据和机器学习技术，短视频平台可以分析用户的浏览和点击行为，理解用户的兴趣和喜好，从而推荐最符合用户口味的内容。优化的推荐算法不仅可以提高用户的满意度，也可以提高平台的用户活跃度和留存率。比如，抖音采用复杂的推荐算法，根据用户的行为和互动数据，个性化地推荐内容，使用户在无意识的浏览中，也能看到自己感兴趣的内容，从而提高用户的黏性。

视频质量也是影响用户体验的重要因素。随着移动设备的发展和网络带宽的提升，用户对视频质量的要求也在不断提高。因此，短视频平台也在不断提升视频播放的清晰度和流畅度，提供更好的观看体验。此外，一些平台还提供了丰富的视频编辑工具，帮助用户更方便地制作和分享高质量的视频。例如，快手短视频平台提供了一系列的视频编辑工具，包括滤镜、特效、配乐等，让用户可以轻松制作出富有创意的视频。

社交功能也是短视频平台技术升级的重要方向。许多短视频平台都在尝试增强自身的社交属性，提供评论、点赞、分享等互动功能，让用户可以在平台上交流和互动，分享自己的观点和感受。比如，抖音提供了丰富的社交功能，用户可以对视频进行评论和点赞，还可以分享视频到其他社交媒体，增强了用户的互动体验。

（三）社交属性加强

社交属性对于短视频平台而言，尤为重要。随着网络社交的发展，社交功能的提升和优化逐渐成为各大短视频平台竞相追逐的方向。在这个过程中，平台旨在提升用户间的互动性，构建共享的社区氛围，甚至创造出全新的社交模式，从而提高用户的黏性和活跃度。

加强用户间的互动功能，无疑是提升社交属性的重要方式。评论、点赞、分享等互动方式，不仅让用户有更深入的参与感，也有助于内容的传播和推广，从而为平台带来更多的流量和更强的影响力。举例来说，B站（见图1-15）的评论功能不仅允许用户在视频下方留言，还允许用户在视频播放过程中发送即时弹幕，这种互动方式大大增强了用户的参与感和互动体验。

此外，短视频平台也在努力构建共享的社区氛围。比如，B站有很强的社区氛围，用户可以参与各种主题的讨论，形成一种共同的文化和价值观。B站"二次元"文化的共享氛围，不仅让用户感到归属感，也增强了用户黏性。B站的动漫、游戏、电影等各种主题讨论板块都有大量的用户参与，在这些板块中分享观点、交流心得，形成了独特的社区文化。

图 1-15　B 站

开发新的社交模式也是短视频平台提升社交属性的重要方式。比如，抖音的挑战赛和互动主题活动，不仅能激发用户的创造力，也能让用户在参与中建立新的社交关系。特别是在一些流行的挑战赛中，用户通过制作和分享自己的挑战视频，与其他参与者进行互动，进一步增强了社交体验。

（四）商业化发展

随着短视频行业的蓬勃发展和用户规模的不断扩大，商业化模式的探索和应用已然成为行业的重要趋势。各大短视频平台正在积极寻找和创新更有效的商业化方式，其中包括广告植入、付费会员服务、短视频购物等多元化的模式。

广告植入是短视频平台实现商业化的常见方式。不同于传统的插播广告，短视频平台的广告植入通常更加自然和微妙。如抖音平台的广告通常以用户感兴趣的短视频形式出现，既满足了商家的宣传需求，又不会对用户体验造成过大的影响。比如，一些大品牌会与热门创作者合作，将产品自然地融入创作者的短视频内容中，既提升了产品的曝光度，又赢得了用户的好感。

此外，付费会员服务也是短视频平台商业化的有效途径。比如，B站推出了付费会员服务，会员可以享受到无广告、高清画质、先行看等特权，这既增加了平台的收入，也提高了用户的满意度和黏性。

短视频购物是近年来兴起的一种新的商业化模式。比如，抖音推出了"抖音小店"功能，用户可以在观看视频的同时，直接购买视频中的商品。这种方式既方便了用户，也给创作者和品牌商家提供了新的商业机会。比如，一些知名品牌在抖音小店上推出过特惠活动，通过短视频展示产品的使用效果，吸引了大量用户购买，销售业绩大幅提升。快手平台也积极开展了电商活动，与各大品牌合作举办直播带货活动。一些农民和手工艺人通过快手平台直播售卖自己的产品，不仅大大提升了自己的收入，也为消费者提供了新鲜、高质的商品。

（五）内容审核与治理

在短视频行业蓬勃发展的同时，内容的质量与合规性也备受关注。各大平台均在对内容进行严格审核和治理，包括设立严格的内容审查机制、对违规内容进行相应处理，以及进行用户行为管理等。在这个过程中，人工智能技术被广泛应用于提高内容审核的效率和准确度。

例如，快手近年来在内容审核和治理方面做出了积极努力。快手发布了新的内容审核政策，对违法犯罪、色情低俗、暴力恶搞等不良内容进行了严格审查，并对违规用户进行了严肃处理。比如，对于恶意刷榜、制造虚假流量的行为，快手严厉打击并对相关账户进行封禁，保证了平台环境的公正与健康。

再如，抖音也在内容审核与治理方面进行了大量工作。抖音平台利用人工智能技术提高了内容审核的效率和准确度，能够更迅速地识别和处理低质、违规内容。在处理违规内容时，抖音不仅对违规视频进行删除，还会对违规用户进行警告、限制发布甚至封号。

同时，各大短视频平台还积极与政府、监管部门进行合作，以共同维护网络环境的积极健康。比如，抖音与国家网信办等部门合作，举办了多次主题为"清朗网络空间"的公益活动，引导用户传播正能量，抵制低俗、负能量的内容。

内容审核与治理是短视频行业发展的重要一环，也是平台社会责任的体现。只有通过严格的内容审核与治理，保证内容的质量与合规性，短视频平台才能为用户提供更好的观看体验，维护网络环境的积极健康。

（六）跨平台合作

随着短视频行业的持续壮大，跨平台合作已经成为一种新的发展趋势。短视频平台之间或者与其他媒体平台之间的合作，如内容共享、用户数据交换，甚至联合举办各类活动，都在进一步丰富短视频行业的生态环境。这样的合作可以帮助各方共享资源、优势互补，实现共赢发展。

抖音与优酷之间的合作就是一个很好的例子。这两家公司达成了一项内容共享协议，双方在内容制作、分发和宣传等方面进行深度合作。这样的合作不仅能够丰富各自的内容库、扩大用户群体，也可以提高各自的知名度和影响力。在这样的合作模式下，两家公司都可以利用对方的资源和优势，实现共赢发展。

另一个例子是快手与腾讯的合作。腾讯作为中国最大的互联网公司，拥有丰富的媒体资源和大量的用户数据。而快手作为一家专注于短视频的社交媒体平台，拥有众多活跃用户和独特的内容创作模式。通过双方的合作，快手可以利用腾讯的资源进行内容推广，而腾讯则可以通过快手的平台向用户提供更多样化的内容服务。

通过以上两个例子可以看到，跨平台合作为短视频行业带来了新的机遇，也为应对激烈的行业竞争提供了一种有效的战略选择。不仅可以帮助短视频平台优化资源配置、提高运营效率，还可以拓宽业务范围、提升市场竞争力。可以预见，跨平台合作将在未来短视频行业的发展中扮演更加重要的角色。

（七）用户数据保护

用户数据保护已成为短视频平台的一个关键问题。短视频平台对用户数据的依赖性越来越强，这些数据有助于改善用户体验、提供个性化内容推荐，同时也为广告商提供了精准营销的可能。然而，如何保护用户的隐私和数据安全、避免个人信息泄露、确保用户在享受服务的同时不会被侵犯个人隐私，成为亟待解决的问题。

B站在用户数据保护方面表现突出。平台推出了新的用户隐私保护政策，承诺将采取更多措施保护用户的个人信息，避免数据泄露。例如，B站设立了专门的数据保护部门负责处理用户的数据问题，并对数据进行加密存储，确保数据安全。同时，B站承诺尊重用户的隐私权，在未经用户同意的情况下，不会收集、使用或共享用户的个人数据。这种以用户为中心的数据保护政策，有效提升了用户对B站的信任度，也为其他短视频平台树立了良好的榜样。

快手平台也非常重视用户数据的保护。快手在用户隐私保护政策中明确表示，将严格遵守法律法规，对用户的个人数据进行严格保护。快手还在平台内设立了隐私保护中心，用户可以在这里设置和管理自己的隐私权，包括决定哪些数据可以被收集和使用，以及哪些数据可以被共享。此外，快手还提供了数据删除和数据携带等服务，充分尊重和保护了用户的数据权益。

随着短视频行业的发展，用户数据保护已成为各大短视频平台的重要工作内容。这不仅是对用户隐私权的尊重，也是对用户信任的维护。只有做好用户数据保护，才能在激烈的竞争中站稳脚跟，获取更多的用户支持和信任。未来短视频平台在用户数据保护方面的投入和努力也将会越来越大。

短视频行业在全球范围内的迅速崛起，给人们的生活带来了前所未有的变化。内容创新、技术升级、社交属性加强、商业化发展、内容审核与治理、跨平台合作和用户数据保护这七大要素构成了当下短视频平台的主要发展趋势和竞争策略，也是每个短视频平台在寻找自己的发展路径时尝试突破的重要方向。

针对内容创新，短视频平台正在努力不断推陈出新，以满足用户日益多元化、个性化的需求。从普通的短片分享，到现在多样化、垂直化内容，再到未来可能的AR、VR内容，短视频的内容形态正在不断演进和丰富。

在技术升级方面，从画质提升到个性化推荐，再到数据分析，技术在短视频平台的发展中起到了至关重要的作用。各大短视频平台都在积极引进先进的算法技术和AI技术，以提升自己的技术实力和服务质量。

短视频平台不仅提供娱乐，也为人们提供了交流和表达自我的平台。如今的短视频平台正在尽力加强社交属性，通过增强用户间的互动，建立强大的社区氛围，逐渐形成一种平台社交化趋势。

为了促进商业化发展，短视频平台正在逐步摸索一条符合自己特点的商业化道路。无论是广告植入、付费服务还是短视频电商，都为短视频平台开辟了新的收入来源。

为了保障平台上的内容质量和秩序，各大短视频平台都在加强对内容的审核与治理，同时也在通过引入人工智能技术提高审核效率。

随着行业竞争的日益激烈，短视频平台之间的合作已经成为一种新的发展趋势。无论是内容共享，还是用户数据交换，都能够使各大短视频平台共享资源、优势互补，达成跨平台合作。

保护用户的隐私和数据安全，成了各大短视频平台不可或缺的工作内容。短视频平台都非常重视用户数据保护，积极建立完善的数据安全管理制度，以保护用户的个人信息。

随着短视频行业的飞速发展，版权纠纷、内容低质等问题也随之出现，使短视频行业的健康发展面临着严峻挑战。有鉴于此，政府和监管部门正在加大对短视频行业的监管力度，引导行业健康、可持续发展，而各大短视频平台也更加重视加强自我规范，努力营造良好的行业生态。

短视频行业的未来充满了无限可能。随着技术的进步和市场的发展，短视频行业将继续引领媒体行业的变革，也必将为用户带来更加丰富、高质的内容体验。各大短视频平台必须保持敏锐的洞察力和强大的创新能力，共同应对行业的挑战和机遇，才能在变化中找到机会，在挑战中找到突破口，实现可持续发展。

第四节　热点话题与趋势

随着科技的飞速发展，短视频已成为现代人获取信息、娱乐和社交的重要方式之一。短视频的迅猛发展并非偶然，它的成功源于其精准把握了当前互联网社会的热点话题和发展趋势。在数字时代，短视频以其独特的形式，将传统的信息传播和新媒体元素巧妙地结合在一起，成为引领新时代流行趋势的重要力量。目前短视频界的热点话题很多，下面主要探讨短视频如何与社会热点紧密结合，以及在政策热点的传播和解读上所发挥的关键作用。

一、短视频与社会热点

在信息时代，无论是国内还是国外，政策调整和发布都是备受关注的热点话题。政策的变动不仅影响着国家和社会的运行，也直接影响到每个人的生活。因此，如何将政策信息准确且迅速地传递给公众，就显得尤为重要。短视频作为一种新兴的传播方式，已经在这方面展现出了强大的优势。短视频具有极强的时效性和热点捕捉能力，能够迅速反映社会热点，引导或参与公众话题的讨论。如图 1-16 所示。

图 1-16　短视频热点话题

（一）政策热点

短视频在捕捉和传播政策热点方面，具有无法替代的优势，在引导或参与公众话题讨论等方面发挥着非常重要的作用。

短视频对政策热点的传播，不是对政策内容的简单复述，而是需要创作者用轻松欢快、趣味横生的风格，用更易于大众理解的方式来解析政策内容。在很多短视频中都可以看到，创作者以漫画、讲故事、歌曲等形式讲述政策措施等内容，深入浅出地向观众传递信息。这些生动易懂的内容极大地吸引了观众的注意力，也使得政策信息的传播效果得到了显著提高。

（二）社会事件

社会事件在人们的日常生活中无处不在，可能是政治、经济、社会生活等各个领域的重大事件，也可能是发生在人们周围的一些小事。这些事件不仅影响着社会的发展，也影响着每个普通人的生活。如何及时、准确、全面地报道和传播这些事件，是新媒体时代面临的一个重大挑战。

2023年春节期间，中央电视台的春节联欢晚会中发生的"口红事件"就是一个典型的例子。在这次事件中，一位女演员在晚会上使用的口红颜色引发了观众的热议，一时间，关于这款口红的信息在网络上飞速传播。在这场热议中，短视频扮演了非常重要的角色。许多人通过短视频平台，如抖音、快手等，分享了他们对这个事件的看法和感受，这些视频以短小精悍的形式，迅速在网络上传播，引发了更广泛的社会讨论。随后，这款口红在各大电商平台上销售一空，引发了一轮关于消费导向和营销策略的讨论。

这个事件充分展示了短视频在社会事件报道和传播中的强大能力。短视频以其快速、直观的特点，能够让更多人关注和参与，及时了解事实真相，这是传统媒体往往难以做到的。

而在面临自然灾害、重大事故等具有广泛影响的社会事件时，短视频的作用更是显而易见。2022年的湖南洪灾就是一个典型的例子。在这次灾难中，许多网友通过抖音和快手等短视频平台，以第一人称视角记录下洪灾现场的情况，将灾情信息及时、准确地传递给外界。这些短视频让更多人能够实时了解到洪灾的实际情况，引发了社会各界的广泛关注，也促使了更多的人投入援助灾区的行动中。

这两个案例从不同的角度显示了短视频在社会事件报道和传播中的关键作用。无论是处理热门话题，还是应对重大灾害，短视频都展示出了无法替代的优势。在未来，随着移动互联网的进一步普及和发展，短视频将会在捕捉和反映社会热点，引导或参与公众话题的讨论等方面发挥更大的作用，进一步促进社会的发展和进步。

（三）娱乐热点

作为人们生活的重要组成部分，娱乐热点一直是短视频内容创作的重要素材来源，短视频创作者巧妙地利用音乐、电影、游戏、体育等各种娱乐元素，创作出一段段精彩的内容，通过短视频的形式将娱乐热点快速、广泛地传播出去，引发众多网友关注和分享。这种情况不仅在国内的短视频行业得到了充分的体现，而且在全球范围内也广泛存在，短视频已经成了娱乐热点传播的重要途径和工具。

电视剧《权力的游戏》就是一个典型案例。这部电视剧在全球范围内都有极高的知名度和影响力，在该剧第八季上映期间，短视频平台上涌现出大量与该剧相关的短视频，包括粉丝情感表达、角色模仿、剧情解析等。其中有位用户创作的《权力的游戏》主题曲用尤克里里演奏的短视频，获得了超过100万的点赞。这个例子充分说明了娱乐热点可以被短视频创作者巧妙利用，从而吸引大规模的用户关注和分享。

电影领域也有相似的案例。2019年，我国科幻大片《流浪地球》在院线上映，短视频平台上引发了一股观影热潮。许多用户发布了关于这部电影的影评或自己的观影感受，以及影片片段，受到了大量网友的关注。有些人创作了一些搞笑、模仿电影场景的短视频，更是收获了不俗的播放量和转发量，极大地推动了电影的热度和票房。

2019 年，知名电竞选手 Uzi 退役的消息在短视频平台引发热议，很多网友在平台上发布了关于电子竞技、职业选手生涯等话题的讨论，大量粉丝在短视频平台上发布对 Uzi 的感谢、祝福和告别的短视频，其中不乏创新和感人的内容，由此引发了社会对电子竞技行业的关注和讨论。

(四) 科技创新

在科技创新的领域，短视频的力量也正在展现出来。短视频创作者通过分享科技创新的应用实例，不仅能以生动、有趣的形式展示科技的魅力和可能性，也能引发公众对科技进步的关注和讨论，从而推动科技创新的发展。

科技创新是当今社会发展的驱动力，无论是人工智能、5G，还是物联网等科技，都有可能成为短视频创作的灵感源泉。

5G 技术的推广和应用，为短视频提供了全新的发展空间。随着 5G 网络的普及，许多短视频创作者开始探索 5G 如何改变生活，以此为题材，通过具体的应用实例，探索并展示 5G 对我们的生活产生的影响。比如，有的短视频创作者通过现场直播 5G 网络下载一部电影的过程，直观地向观众展示 5G 速度的惊人之处。此外，还有创作者将 5G 与虚拟现实、增强现实等技术结合，打造出如同科幻电影般的短视频，让观众对 5G 技术充满了无限想象。通过精彩、简明的短视频，科技的魅力和可能性被展示出来，同时也引发了公众对科技进步的关注和讨论，从而进一步推动科技创新的发展。

在人工智能领域，短视频也发挥了重要的作用。人脸识别、智能推荐等 AI 技术的应用，也常常被用作短视频的内容。比如，一位创作者通过一个智能推荐系统的示例，详细介绍了 AI 如何根据用户的喜好和习惯，为其推荐合适的内容。另外，也有创作者以人脸识别为主题，通过拍摄手机解锁、门禁系统等场景的短视频，让公众更直观地了解到该技术的进步和应用。

另一个值得一提的是微软的 HoloLens 2 混合现实头盔。2019 年，微软发布了 HoloLens 2 混合现实头盔，引发了全球的关注，许多短视频创作者开始探索并分享他们使用 HoloLens 2 的体验。其中，一位名为"科技小哥"的用户用 HoloLens2 创建了一个虚拟的办公空间，演示了在虚拟空间中浏览网页、看邮件、播放视频等操作过程。这个短视频发布后不久就获得了大量的播放量和分享，有效介绍了 HoloLens 2 的功能和应用场景。

二、短视频发展趋势

短视频行业的崛起和发展，不仅是技术进步的产物，更是时代变迁的写照。作为最接近用户日常生活的媒介形式，短视频从面世以来，就一直在不断演变，并试图满足用户多元化、个性化的需求。未来的短视频行业的发展趋势，可以从以下四个方面深入解析（见图 1-17）。

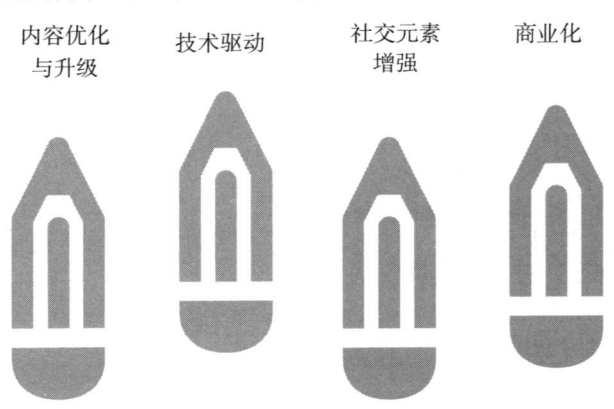

图 1-17　未来短视频行业的发展趋势

（一）内容优化与升级

作为当前最火热的媒介之一，短视频行业的发展趋势一直备受关注，而内容优化与升级是短视频行业发展最为重要的一环。

随着短视频行业的飞速发展，用户的需求也在逐渐变得多样化和个性化，短视频内容的优化与升级已经成为必然趋势。

短视频内容在最初开始时，大多以趣味性、娱乐性为主，随着竞争的加剧和用户需求的多元化，短视频的内容也在不断升级，从最初的搞笑短片到如今的专业教育内容、高品质娱乐节目，甚至电影级别的短视频，都在尝试提升内容的质量和深度，以满足用户不断增长的需求。

现在的短视频内容几乎已经涵盖了各个领域，在这个平台上，用户可以利用碎片化的时间，轻松地解决学习问题，教育领域的短视频是一个典型的例子。许多教师开始在短视频平台上发布自己的教学视频，通过短时间内解决学习难题，帮助用户解决学习上的困扰，吸引了大量学生用户。许多短视频创作者发布了数学、物理、化学等科目的学习视频，内容简单易懂，深受用户欢迎。

此外，科技领域的达人分享最新的科技发展趋势和产品评测，艺术领域的艺术家在短视频中展示自己的创作过程，也能达到预期效果。

随着竞争的加剧，用户对短视频的内容质量要求越来越高，这促使创作者提升自己的创作水平，尽可能地生产出高质量的短视频。比如，在众多的美食短视频中，以分享美食文化为主题的短视频账号脱颖而出，也特别受用户的喜爱。这些账号的共同点就是不仅分享美食的制作过程，还讲述了美食背后的文化故事，以精美的画面、丰富的内容和独特的视角吸引了大量的粉丝。

这些学习类短视频，引导用户利用碎片化时间学习，为用户提供方便快捷的学习途径，受到了用户的广泛喜欢。

未来，5G等科学技术发展得越发成熟，高清、大规模、深度交互的短视频内容必将越来越多，短视频的内容形式也必将更加丰富、更加多元化，为满足用户对高质量内容的需求，高质量的内容必将会成为短视频的标配。

（二）技术驱动

技术的发展对短视频产生了深远影响，短视频平台也在尝试将新技术应用到创作和推广过程中，新的科技应用如人工智能（AI）、虚拟现实（VR）、增强现实（AR）以及大数据，正在彻底改变短视频行业的面貌。

AI 的应用已经深入短视频的各个环节。在内容创作中，AI 可以帮助创作者自动剪辑、配乐、字幕等，极大地简化了制作流程、提高了效率；在进行内容推荐时，AI 算法可以通过分析用户的观看历史、行为习惯等，实现精准的个性化推荐。抖音和快手等主流短视频平台的快速崛起，就离不开 AI 算法的支持。通过 AI 技术，这些平台可以精准把握用户的喜好，为用户推荐最符合其口味的视频，从而吸引和留住用户。

VR 和 AR 技术则在提升用户体验方面发挥着重要作用。通过 VR、AR 技术，短视频能够创造出更具沉浸感的体验，使用户仿佛身临其境。有些短视频创作者利用 AR 技术，大大增强了视频的吸引力。未来，随着 5G 网络的普及，VR、AR 技术在短视频领域的应用必将更加广泛。

大数据的应用则为短视频营销提供了强有力的支撑。通过大数据技术，企业可以深入挖掘用户的消费习惯、兴趣爱好等，实现精准营销。如果某化妆品品牌想在短视频平台上推出新产品，只要通过大数据分析精准锁定对产品感兴趣的用户，然后推送短视频广告，就可以有效增加产品的销售量。此外，大数据还可以帮助企业实时监测广告效果，及时调整营销策略。

科技在推动短视频行业发展中发挥的作用由此可见一斑。随着科技的进一步发展，未来短视频的创作和推广方式必将更加多元，用户体验也必将更加丰富。

（三）社交元素的增强

随着互联网技术的飞速发展，短视频平台不仅是用户获取信息、消费内容的地方，更是用户交流思想、分享生活、互动参与的社区。用户在这些平台上可以尽情表达自己、自由发声，甚至与他人产生深度互动。这些新的社交元素不仅丰富了短视频的内容形式，也使得用户在享受短视频内容的同时，感受到更加鲜活的社区气氛。

在短视频行业中，抖音是社交元素增强的一个典型例子。抖音平台的成功，除了依靠其独特的算法和丰富的内容，还归功于其强大的社交功能。在抖音平台上，用户可以通过评论、点赞、分享等方式参与互动、感受他人的存在，也可以表达自己的观点和情绪。此外，抖音平台上的各种挑战活动，也让用户有了更多参与感和归属感，给创作者提供了更多的创新空间。

曾经在抖音上流行的"模仿挑战"就是体现社交元素的一个典型案例。用户通过模仿热门表演、动作或语录参与到挑战中，不仅增强了用户间的互动性，还创造了更多新鲜有趣的内容，推动了短视频的传播。这些挑战活动无疑使抖音的社交元素更加鲜明，也进一步推动了抖音的发展和繁荣。

快手平台也有类似的成功案例。"快手"以其鲜活的草根气息吸引了大量的用户。在快手平台上，每个人都可以成为生活的记录者，通过平台发布自己的生活点滴、表达自己的情感、分享自己的故事，与他人积极互动。与此同时，快手还推出了诸如"看一看""拍一拍"等互动功能，使用户在观看短视频的同时，可以轻松参与到内容互动中，增强了平台的社交元素。

随着短视频行业的不断发展，可以预见，未来的短视频平台必将更加注重社交元素。用户在享受内容的同时，也能享受与他人交流分享的乐趣，短视频的吸引力和影响力也会同步增强。

（四）商业化

如今，商业化已成为短视频行业的重要发展方向。作为用户群体广泛、市场潜力巨大的媒体形式，短视频平台正不断探索多种商业模式，以实现平台与内容创作者的可持续发展。广告投放、商品推荐、知识付费、创作者赞赏等手段被短视频平台广泛应用，推动了这个新兴行业的进一步发展。

广告投放是短视频平台最常见的商业化方式。许多品牌正将目光转向这个拥有亿级用户的平台，期待通过精准定位的广告来增加品牌曝光率，提升销售业绩。抖音是短视频平台广告投放业绩的佼佼者。通过在用户浏览内容过程中插入广告，抖音平台为品牌商提供了大量展示产品的机会。这样的商业模式，不仅为抖音平台带来了丰富的广告收益，也使广告商能够更精准地触达目标受众。

商品推荐是短视频商业化的另一种模式，与电商平台的合作成为短视频平台商业化的重要手段。一些短视频平台甚至自建电商通道，以此来拉近用户与商品间的距离，实现从内容消费到商品消费的无缝衔接。

快手平台便是通过这样的做法引入了直播带货的模式。快手平台推出的"快手小店"功能，可以让用户在看到喜欢的商品时直接进行购买，大大增加了商品的销售机会，也为平台和创作者带来了可观的收益。

知识付费是短视频平台商业化的一个新方向。许多专家和行业领袖在短视频平台上开通付费课程或专栏，成功实现了知识价值的转化。以"罗辑思维"为例，罗振宇团队利用短视频平台发布了一系列的付费课程，内容涵盖历史、哲学、社会学等多个领域，深受用户喜爱，成功将知识转化为收益。

短视频在向商业化发展的同时，也面临着诸多挑战，如要遵守政策法规、保证作品的内容质量、解决版权问题等，这些都需要短视频平台去认真审核、应对和解决。可以预见，未来的短视频行业必将继续保持高速发展势头，商业化进程也将不断深化。传统媒体与短视频的融合，也将从另一个侧面为整个传媒行业带来更多的变革与机遇。

第二章
从"4P"理论到"4C"理论

第二章 从"4P"理论到"4C"理论

随着市场环境和消费者需求的变化，营销理论也在不断发展和创新。从传统的"4P"理论到现代的"4C"理论，营销模式发生了根本性的变革，反映了市场营销的发展趋势。本章将对"4P"和"4C"两种营销理论进行详细阐述，并结合案例分析和事件背景，探讨这两种理论在实际营销活动中的应用和效果。了解这两种理论营销模式、发展历程及应用，有助于更好地把握营销的本质和趋势。

第一节 "4P"理论及营销模式

"4P"理论是营销领域的核心理论，被誉为营销的基石。

"4P"理论首次被提出，是在1960年杰罗姆·麦卡锡（Jerome McCarthy）出版的《基础营销》一书中。1967年，菲利普·科特勒（PHilip Kotler）在畅销书《营销管理：分析、规划与控制》中再次对"4P"概念进行了确认。

"4P"理论揭示了营销成功的关键因素，强调企业要通过优化产品、价格、渠道和促销四个要素来满足目标市场的需求、提升市场竞争力。这一理论为企业提供了一套完整的营销策略框架，帮助企业理解市场需求、制定有效的营销策略，以达成销售目标和盈利目标。在当前的市场环境中，"4P"理论依然具有极高的实用价值和指导意义。

一、"4P"理论的基本概念

营销组合理论中的"4P"理论，也称为营销组合理论，"4P"是指产品（Product）、价格（Price）、促销（Promotion）和渠道（Place）四个要素（图2-1），是传统营销领域最基本的理论框架。这个理论强调了在市场营销中企业需要综合考虑的四个要素，以实现营销目标。各个要素之间相互影响，共同构成企业的市场营销战略。

```
                    "4P"理论
                      要素
        ┌──────┬──────┼──────┬──────┐
       产品    价格    渠道    推广
     Product  Price  Place Promotion
```

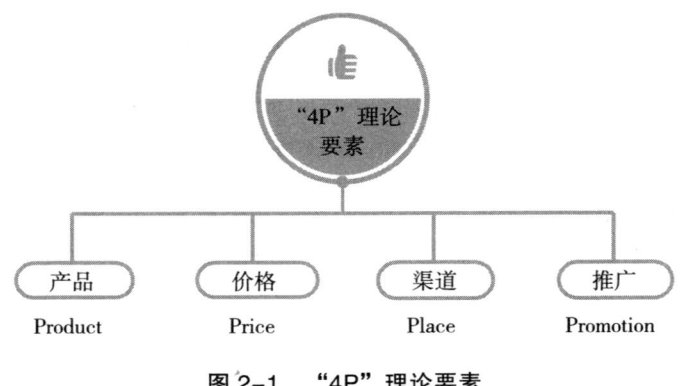

图 2-1 "4P"理论要素

（一）Product（产品）

产品（Product）是企业向市场提供的可以满足消费者需求或欲望的实物、服务、人、地点或者想法。无论是实体商品还是虚拟服务，其质量、特点和效用都会影响消费者的购买决策。在短视频平台中，产品不仅体现为平台本身提供的视频观看、分享、创建的功能，更包括平台提供的各类增值服务，如视频编辑工具、电商链接等。

比如，抖音推出的"DUO 小智"人工智能人像识别技术，它是一款高效的短视频编辑工具，用户可以使用它轻松创作出富有创新性和个性化表达的短视频。它解决了用户在编辑过程中的一些痛点，如快速、准确地选取视频中的特定人像等。通过提供这种强大的视频编辑工具，抖音有效地满足了用户在个性化表达和内容创新方面的需求，进一步增强了用户对平台的依赖性和黏性。

再如，快手推出的"短视频电商"功能，它将电商元素与短视频内容完美结合，让用户可以直接在视频中添加商品链接，从而实现从看视频到购买商品的无缝切换。这种一键购买的功能，既方便了用户，也提高了商品的转化率。此举不仅使产品更加符合消费者的购买习惯，优化了产品的用户体验，也为广告商提供了更直接有效的营销渠道。

在当前我国短视频营销市场中，以抖音和快手为代表的短视频平台都深谙产品在营销中的重要性。提供有针对性的产品和服务，不仅可以满足用户的需求，提升用户体验，而且可以为品牌商家提供更多样化和有效的营销机会。未来，随着科技的不断发展和消费者需求的不断变化，短视频平台的产品功能将会更加丰富和多元化，为用户和商家带来更多可能性。

（二）Price（价格）

价格是指消费者为获得产品或服务而支付的价值，价格策略是营销的重要组成部分，企业需要考虑市场定位和品牌战略，根据成本、市场竞争状况和消费者心理等因素制定合适的价格策略。价格的高低直接影响消费者的购买意愿和企业的利润空间，因此需要仔细考虑和精心策划。

抖音在推出会员服务时，采取了月费和年费两种价格模式，这种灵活的价格策略使其能够满足不同消费者的付费需求。快手在推出直播打赏功能时，则设定了多种打赏金额和方式，既满足了用户的心理预期，又为企业带来了稳定的收入。

价格是产品在市场上的价值体现，是企业的收入来源，也是影响消费者购买决策的重要因素。合适的价格策略可以帮助企业提升销量，增加市场份额，提升品牌形象，实现利润最大化。在制定价格策略时，企业需要综合考虑多种因素，如产品成本、市场竞争状况、消费者支付能力和心理预期等。

例如，快手推出的直播打赏功能，设定了多种打赏金额和方式，从几元到几百元不等，用户可以根据自己的情感倾向和经济条件选择不同的打赏金额。这种打赏方式既满足了用户表达对主播的支持和喜爱的需求，又为快手创造了新的盈利模式。

此外，许多品牌和企业也在短视频平台上开展各类营销活动，如限时优惠、满减活动、折扣券等，通过灵活多变的价格策略，吸引用户关注和购买，提升品牌的市场影响力。

价格策略是短视频营销的重要组成部分，通过制定合理的价格策略，短视频平台可以满足用户的需求，增加用户黏性，同时也可以为企业创造利润，促进企业的发展。未来，随着科技的发展和消费者需求的变化，短视频平台的价格策略将更加灵活和多元，以适应市场的变化。

（三）Place（渠道）

渠道是指产品在哪里销售，包括销售渠道和物流配送。渠道是产品和消费者之间的桥梁，企业需要确保产品能够方便地到达消费者手中。一个有效的分销渠道，可以使产品更快、更好地到达消费者手中。企业需要根据自身情况和市场环境，建立和优化分销网络，以提高销售效率和客户满意度。

在市场营销的"4P"理论中，渠道是至关重要的一环，它是产品和消费者之间的链接，关系到产品是否能够有效地到达消费者手中。在数字化时代，产品的销售已经不再限于传统的实体店铺，而是越来越多地依赖在线渠道。特别是在短视频营销领域，选择正确的发布平台是实现有效营销的关键。

在我国的短视频市场，抖音和快手是两大主流的平台。尽管它们都属于短视频平台，但各自的用户群体、用户习惯以及平台特性都有所不同，这对品牌的短视频营销策略造成了深远影响。因此，品牌在进行短视频营销时，需要选择合适的平台才能达到更好的效果。

抖音的用户更年轻、更追求时尚和潮流，对创新和新奇的内容有着极高的热情。因此，许多时尚、潮流的品牌，选择在抖音上发布各种创新和引人入胜的短视频，吸引年轻用户的注意。同时，抖音也开设了线下体验店"抖音小店"，用户可以在店内体验和购买抖音上推荐的商品，这大大增加了用户的购买便利性。

与抖音不同，快手的用户群体更广泛，他们更倾向于真实和生活化的内容。因此，许多与生活密切相关的品牌，如家电、家居、美食等，会选择在快手上发布关于产品使用和生活体验的短视频，以此吸引和影响用户。同时，快手也与各大电商平台进行了深度合作，用户可以直接在快手上购买到他们喜欢的商品，无须再跳转到其他平台，极大地提高了购物的便捷性。

除了选择正确的发布平台外，品牌还需要考虑产品的物流配送问题。在电商平台上销售商品，无论是通过自营模式，还是通过第三方物流，都需要保证商品能够及时、安全地送到消费者手中，否则会对消费者满意度产生影响。比如，抖音小店便利店就是通过与各大快递公司合作，确保商品能够在短时间内送到消费者手中。

在短视频营销中，选择正确的渠道是至关重要的。品牌需要根据自身的产品特性和目标市场，选择最适合自己的发布平台，同时也需要保证产品的物流配送效率，以实现最佳的营销效果。

（四）Promotion（推广）

推广不是狭义的"促销"，而是品牌采取的包括品牌宣传、促销活动、广告和公关在内的各种营销手段。

推广是品牌激发消费者购买欲望、促进销售增长的重要手段，可以通过打折、赠品、促销活动等方式吸引消费者，刺激其购买行为。在短视频营销中，推广可以是发布短视频的方式，也可以是短视频中的推广内容。

抖音会定期举行"超级红包"活动，用户通过观看视频、分享、邀请新用户等方式即可获取红包，这种方式既提高了用户的活跃度，也提升了平台的知名度。快手也通过举办"快手年货节"等各种线上线下的活动，这些营销行为可以激发消费者购买意愿，吸引用户购买平台上的商品，有效提高产品知名度和销售的增长。

二、发展历程

在4P理论初次提出时，该理论立即引起了市场营销领域的关注。在当时的市场环境中，企业是市场的主导者，消费者的需求相对单一和稳定，企业需要做的就是通过合理的产品设计、定价、分销和营销策略，满足消费者的需求，以实现销售目标。因此，"4P"理论迅速在市场营销领域中获得了广泛的应用，并成了20世纪最具影响力的营销理论之一。

随着市场环境的变化，消费者的需求变得多元化，"4P"理论逐渐暴露出一些局限性。尤其是在信息技术和互联网的推动下，消费者获取信息的方式发生了巨大的变化，消费者的角色也从被动的需求者转变为主动的参与者。这使得企业需要从以产品为中心，转变为以消费者为中心的营销思维。因此，"4P"理论逐渐衍生出一些新的理论和概念，如"7P"理论用于服务营销，增加了人员（People）、过程（Process）和实物证据（Physical Evidence）三个元素；而"5P"理论则更适用于非营利组织的营销，增加了公众（Public）元素。

"4P"理论的发展历程充分反映了市场营销理论和实践的演进和发展。在新的市场环境下，"4P"理论正在不断地演变和适应，以满足消费者的需求和市场的变化。随着社交媒体和大数据等新技术的发展，市场营销模式将会继续进化，产生更多新的理论和方法。这将为企业的营销实践提供更多的灵感和工具，也将为市场营销的研究和教育提供更广阔的视野和更深入的理解。

三、营销模式应用

了解"4P"理论在实际营销活动中的应用，有助于经营者评估这一理论的实用性和效果，以及企业如何根据市场环境调整自身的营销策略。

（一）"4P"理论在企业营销活动中的指导作用

基于"4P"理论，企业在市场营销活动中需要关注产品策略，包括产品设计、品牌形象、包装、质量等方面，力求满足消费者的需求和期望。针对产品的"4P"理论应用，苹果公司在发布新产品时，通常会制作一系列短视频，用以展示产品的外观、功能和特点。这些短视频不仅突出了产品的优点，也让消费者更好地理解产品，增强购买欲望。苹果公司依托其独特的设计和创新理念，成功打造了iPhone、iPad等一系列具有市场竞争力的产品。

4P理论中应用较多的是价格策略，许多电商平台都会在短视频中推广限时特价活动，通过将原价和特价比较，显示折扣力度，从而激发消费者的购买欲望，这种价格策略往往能带来大量的销售。

渠道策略也经常被企业采用，比如，"抖音"等短视频平台提供了一个广泛的分发渠道，使企业能够将产品或服务推送给大量潜在消费者。

推广策略就更为常见，许多知名品牌都会通过拍摄短视频广告，来提升品牌知名度和影响力。这些广告往往以故事化、娱乐化的形式展现，旨在提高观看者的注意力和记忆力，达到有效推广的目的。

以上都是"4P"理论在短视频营销中的实际应用，只是营销的侧重点不同。可见，不论是个人创作者，还是运营中的企业，都可以通过理解和应用"4P"理论更好地制作和推广短视频。

（二）"4P"理论应用实例

"4P"理论在实际营销活动中广泛应用，许多企业通过对产品、价格、渠道和推广的调整，实现了市场份额的扩大和销售额的增长。比如，可口可乐公司就通过对"4P"要素的有效运用，实现了全球市场的领导地位。在产品方面，可口可乐不断推出新的口味和包装，以满足不同消费者群体的需求；在价格方面，可口可乐采用竞争定价策略，与主要竞争对手百事可乐保持价格竞争力；在营销渠道方面，可口可乐建立了广泛的销售渠道和物流网络，确保产品能够迅速进入消费者手中；在推广方面，可口可乐投入大量资金进行广告宣传，提高品牌知名度和美誉度。

同样的案例还有宜家家居。宜家家居是瑞典家居品牌，以提供高性价比的家居产品而闻名。宜家运用"4P"理论，在产品、价格、渠道和促销方面采取一系列措施。在产品方面，宜家注重设计和功能性，提供各种款式的家居产品；在价格方面，宜家采用低价策略，吸引消费者；销售渠道则是选择在城市郊区设立大型门店，降低租金成本；在推广方面，宜家进行积极的宣传，包括电视广告、户外广告和社交媒体推广等。

"4P"理论在企业营销模式中的应用很多，许多企业运用"4P"理论来制定和执行营销策略，在实际市场中取得了良好的效果。在短视频营销中，"4P"理论同样可以帮助企业更好地理解市场、制定有效的营销策略。

以下几则案例，从不同方面展示了"4P"理论在短视频营销中的应用。

案例1：某知名化妆品品牌与短视频平台的合作

为扩大品牌知名度，提升市场份额，某知名化妆品品牌与短视频平台展开了合作。为展示产品，品牌拍摄短视频展示了化妆品的功能和优势，使消费者了解产品特点。价格策划则是由品牌在短视频中推出限时折扣活动，吸引消费者购买。渠道选择方面，品牌通过短视频平台的链接功能，将消费者引导至官方商城或其他电商平台，实现线上销售。在推广方面，品牌邀请网红和明星进行产品体验，并通过短视频进行分享，以提高品牌知名度。

案例2：某手机品牌在短视频平台的营销活动

为推广新款手机，某手机品牌在短视频平台开展了一系列营销活动。品牌通过短视频展示了手机的外观、性能和特色功能，为消费者提供直观的认识。在价格方面，品牌则是推出了预约购买活动，为消费者提供一定程度的优惠。至于销售渠道，品牌选择了同时与线上、线下渠道合作，确保消费者购买的便利性。推广方式则是通过举办挑战赛、互动游戏等活动，鼓励消费者制作并分享短视频，从而提高品牌知名度和美誉度。

案例3：某旅游景区在短视频平台的营销推广

为吸引游客，某旅游景区在短视频平台上开展了一系列营销活动。

该景区通过发布风景、特色美食、民俗活动等短视频，展示旅游景区的魅力。价格策略采取了景区与旅行社合作推出优惠套餐方式，吸引游客预订。同时，景区在短视频中提供景区、酒店、餐厅等服务场所，帮助游客规划行程。为了推广，旅游景区鼓励游客在短视频平台上分享旅行体验，以提高景区知名度和吸引力。

案例4：某电商平台通过短视频平台的直播带货

为提高销售额，某电商平台利用短视频平台的直播功能开展带货活动。主播通过直播展示商品的实物，详细介绍产品功能、使用方法等，帮助消费者了解产品。价格方面，电商平台提供直播间专属优惠券和限时折扣，吸引消费者下单购买。购买方式是在直播间设置一键购买功能，方便消费者立即下单。在推广方面，电商平台邀请网红、明星以及行业专家参与直播，吸引粉丝观看并参与互动。

案例5：某健身品牌在短视频平台的营销推广

为提高品牌知名度，某健身品牌在短视频平台开展了一系列营销活动。品牌发布了短视频，展示健身器械、课程、教练团队等方面的优势。价格方面推出了限时优惠活动，鼓励消费者购买会员卡。品牌通过短视频展示门店位置、设施等信息，方便消费者前往。在推广方面，品牌鼓励会员在短视频平台上分享健身心得和成果，以提高品牌的曝光度和美誉度。

通过以上案例分析，可以看到"4P"理论在短视频营销活动中的实际应用。企业可以根据自身的产品和目标受众，在短视频平台上进行有针对性的营销推广。同时，企业通过关注消费者的需求和反馈以及与短视频平台、网红、行业专家等方面的合作，可以实现市场份额的扩大和销售额的增长。在现代社会，短视频已成为一种重要的营销渠道，企业应善于利用这一优势，不断创新营销策略，以适应市场的发展变化。

第二节 "4C"理论及营销模式

"4C"理论是对"4P"理论的补充和发展。"4P"理论是产品导向的营销模式,通过改变产品、价格、渠道和推广的组合方式来满足市场和消费者需求。随着社会的发展,消费者的需求日益多样化,营销学者提出了"4C"理论,将营销的焦点从企业转向消费者,强调消费者需求的重要性,重点关注消费者、成本、便利性和沟通四个要素,是一种以消费者为中心的营销模式。本节将介绍"4C"理论的基本概念、发展历程以及在短视频营销中的应用。

一、"4C"理论的基本概念

"4C"理论是针对传统"4P"理论的一种补充和延伸,将营销的视角从企业转向了消费者,强调从消费者的角度出发进行市场营销,是针对现代市场环境和消费者需求提出的一种创新营销理论。"4C"理论提出了四个以消费者为中心的营销要素,即消费者(Consumer)、成本(Cost)、便利(Convenience)和沟通(Communication)(见图2-2)。这种视角转换使得企业更加了解消费者的真实需求,从而做出更符合市场需求的营销决策。

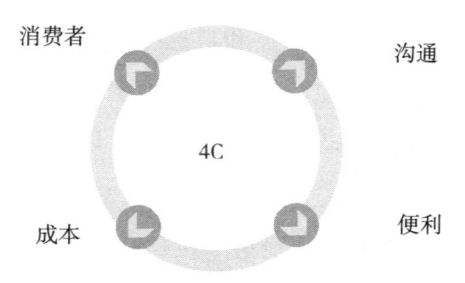

图2-2 "4C"理论

（一）消费者

消费者需求是指消费者对产品或服务的需求，企业需要深入了解消费者的需求和期望，提供符合他们需求的产品或服务。

在市场营销中，消费者是营销活动的中心，消费者需求是营销的起点和终点，是营销的核心，消费者的需求和期望驱动着市场的发展。了解消费者的需求，为消费者提供想要的产品和服务，是营销的关键。而在短视频营销中，平台需要精确理解和满足消费者的需求，以提供更优质、个性化的服务，从而吸引和留住用户。

抖音就是一个优秀的例子，该平台利用先进的大数据和算法技术深入理解用户的需求和喜好。抖音通过分析用户的观看历史、搜索记录、互动行为等数据，准确推荐出用户可能感兴趣的视频。比如，如果一个用户经常观看和点赞舞蹈视频，抖音的推荐系统就会在用户的推荐列表中增加舞蹈类的视频。这种个性化的推荐方式非常有效，使用户可以在短时间内找到自己感兴趣的内容，优化了用户体验，也增加了用户的使用时长。

快手则选择了另一种方式来满足消费者的需求。例如，举办"大咖一日店长"活动，邀请明星或网红进行直播销售。这种方式满足了粉丝对于偶像的追求，同时也让消费者能够直接与偶像互动，购买他们推荐的商品。这不仅提高了用户的购买欲望，也提高了平台的活跃度和销售额。

此外，快手和抖音还会通过举办各种活动和比赛，如"抖音小星球""快手创作者大赛"等，鼓励用户积极创作和分享视频。这种方式不仅可以满足消费者的表达需求，也可以发掘和培养更多的优秀创作者，为平台带来更多的优质内容。

消费者是营销活动的中心，理解消费者的需求和期望，提供满足他们需要的产品和服务，是短视频营销的关键。在今后的发展中，随着科技的进步和消费者需求的变化，短视频平台的营销策略将更加精细化、个性化，以更好地满足消费者的需求，优化用户体验。

（二）成本

在"4C"营销理论中，成本的含义超越了传统视角中的金钱支付，它关注的是消费者在购买产品或服务过程中所承受的全部成本，包括金钱成本、时间成本、精力成本，甚至是心理成本。在这个理论框架下，企业的营销策略需要全面考虑消费者的成本感知，以最大限度地降低其购买成本，提供更高的价值，从而达到提高消费者满意度和忠诚度的目的。

成本是指消费者为获取产品或服务而承担的成本，在"4C"理论中，成本不仅指消费者购买产品或服务所需支付的价格，还包括他们在购买过程中所花费的时间、精力等。因此，这里的"成本"包括金钱成本、时间成本和心理成本。企业应该关注消费者的成本承受能力，提供合适的价值。

现代消费者的时间和精力日益宝贵，任何浪费他们时间和精力的购买体验都可能导致消费者的流失。因此，提供便捷高效的购买渠道，减少消费者的购买过程中的不必要麻烦，成为各大企业在营销策略中需要重点考虑的问题。短视频平台抖音和快手的购物体验正是在这样的理念下诞生的。

在短视频营销中，抖音推出了"一键购买"功能，消费者可以在观看短视频的同时，直接点击购买链接，无须跳转至其他平台，大大节省了消费者的时间和精力。而快手则通过与各大电商平台的合作，使其用户可以在平台内直接购买商品，避免了用户在多个平台间的跳转，大大降低了消费者的时间成本和精力成本。这种购物体验的便利性，让消费者在享受短视频带来的乐趣的同时，又能快速、便捷地购买到自己喜欢的商品或服务，有效提高了消费者的购物满意度。

此外，通过短视频营销，企业还可以降低消费者的心理成本。具体表现在，通过短视频的形式，企业可以直观地展示产品的使用方法和效果，让消费者在购买前就能对产品有更深入的了解，从而降低他们的购买风险和心理压力。比如，某化妆品品牌通过在抖音上发布产品的使用教程和效果展示，让消费者在购买前就能清楚地了解到产品的实际效果和使用感受，从而降低了他们购买的心理压力。

无论是抖音还是快手，它们都充分认识到在现代市场营销中，降低消费者购买成本的重要性，并在此基础上提供了创新和便捷的购物体验。这些短视频平台的成功案例，为其他企业如何运用"4C"理论中的"成本"理念进行市场营销提供了借鉴。

（三）便利

便利性是"4C"营销理论的关键组成部分之一，它涵盖了消费者从获取产品信息、购买产品到使用产品的全过程。这就要求企业提供方便快捷的购买方式和服务，使消费者能够轻松地获得和使用产品或服务。对于短视频平台来说，便利性体现在用户体验的设计上，包括用户界面的简洁明了、功能的易于理解和操作以及购物流程的简化等。

抖音作为国内最大的短视频平台，极力强调便利性。首先，抖音的视频制作工具简单易用，即使是没有任何视频编辑经验的用户也能够快速学会如何制作并发布短视频。其次，抖音推出的人工智能人像识别技术，使用户可以方便快捷地进行人像剪辑，制作出更有创意和个性的短视频。最后，抖音的推荐系统通过分析用户的观看历史、搜索记录和互动行为，为用户推送他们可能感兴趣的视频，这无疑大大提高了用户的使用便利性。

快手同样注重用户的便利性。快手的界面设计简洁明了，功能明确，使用户可以轻松地找到自己想要的内容。快手推出的"短视频电商"功能，可以让用户直接在视频中添加商品链接，一键购买，省去了用户在平台之外寻找商品的麻烦。此外，快手的直播购物功能也非常便利，用户可以直接在直播间内购买主播推荐的商品，使购物流程更加顺畅，提高了购物的便利性。

通过对抖音和快手的便利性分析可以看出，为了满足用户的需求，短视频平台不断优化产品功能和用户体验，使用户在获取信息、制作和分享视频、购物等环节都能体验到极致的便利性。随着科技的进步，未来短视频平台的便利性还将得到进一步提升，为用户提供更为丰富和方便的使用体验。便利性是"4C"理论中的重要因素，企业应该关注消费者在购买、使用和维护产品过程中的便利性，提供方便的购买渠道，使消费者可以轻松获取产品或服务。

（四）沟通

沟通是"4C"营销理论中的一个关键概念，它强调的是企业与消费者之间的双向信息交流。在传统的"4P"营销理论中，推广（Promotion）一词更侧重于企业向消费者传递信息的一种单向传播，但在"4C"理论中，沟通的概念更强调双向的、交互式的信息交流。

与推广相比，沟通更强调双向的交流。企业不仅需要向消费者传达信息，也需要积极倾听消费者的反馈，建立有效的沟通渠道，以提高消费者满意度。

抖音和快手两个短视频平台都设有用户反馈渠道，用户可以通过这些渠道向企业反馈问题和建议；另外，各短视频平台都会定期举办"超级红包""快手年货节"等各种活动，通过各种活动与用户进行互动，增进平台、品牌与用户间的沟通。

"4C"理论是对传统"4P"理论的一种补充和延伸，强调从消费者的角度出发进行市场营销，满足消费者需求，从而创造价值。相较于"4P"理论而言，"4C"理论以市场营销为目标，更加关注消费者的需求和感受。了解"4C"理论的基本概念，有助于运营者制定更具针对性的营销策略。

在短视频营销领域，抖音和快手通过各种方式积极地与消费者进行沟通。抖音设立了用户反馈系统，用户可以在这里对产品进行评价，提出问题和建议，企业也会根据用户的反馈进行产品改进和优化。此外，抖音也通过举办各种活动，如"超级红包"活动，与用户进行互动，通过活动的形式吸引用户的注意，增强用户的参与感和归属感。

快手同样重视与用户的沟通。它设立了"快手年货节"等活动，通过互动的方式让用户感受到快手品牌的魅力，同时也可以收集用户的反馈，进一步优化产品和服务。快手还设有直播功能，让用户可以与主播实时互动，提出问题和建议，进一步增强用户的参与感和满意度。

在"4C"理论的视角下，沟通被视为营销的重要组成部分，它不仅能增强消费者的满意度，也有助于企业了解消费者的需求和反馈，从而优化产品和服务，提高市场竞争力。抖音和快手的案例证明，有效的沟通可以增进企业与消费者的关系，提升企业的品牌形象，从而实现营销目标。

"4C"营销理论将市场营销的焦点从产品转移到了消费者，强调以满足消费者的需求为导向，以消费者的满意度为最终目标，从而实现价值创造。对于短视频平台运营者来说，了解并运用"4C"理论，能帮助他们制定更有效的营销策略，提升用户体验，实现企业的长期发展。

二、发展历程

"4C"理论作为现代营销理论的新兴趋势，其发展历程与市场环境和消费者需求的变化紧紧相连。这一理论起源于20世纪90年代，当时人们认为，消费者的形态差异太大，传统的营销组合"4P"理论已经无法顺应"以消费者为中心"的时代要求。于是，美国营销学者罗伯特·劳特朋（Robert F. Lauterborn）提出了新的营销要素，"4C"理念应运而生，弥补了传统的"4P"理论的不足，适应了由消费者主导的市场环境。

在1990年的《广告时代》杂志上，劳特朋首次提出"营销的4C"理论，这一新理念对传统4P理论进行了重要补充。他认为，在当今这个消费者主导的市场中，传统的"4P"理论已经不能满足企业的需求，企业应该从消费者的角度出发，更加关注消费者的需求，而不仅仅是关注产品本身。

"4C"理论强调了消费者在市场营销中的核心地位，是随着市场环境和消费者需求的变化应运而生的，反映了市场营销理念的转变和发展，成为现代营销理论的新兴趋势。

"4C"理论这一深刻的改变，反映了市场营销理念的转变和发展，引发了营销领域的深刻变革，促使企业更加关注消费者的体验，更加重视与消费者的沟通。这一理论的影响持续至今，随着市场竞争的加剧和消费者需求的多样化，"4C"理论已经成为企业营销活动的重要参考。

"4C"代表了消费者的需要与欲望（Customer's needs and wants）、消费者获取满足的成本（Cost to satisfy）、消费者购买的便利性（Convenience to buy）和与消费者沟通（Communication with consumer）。这四个元素是现代营销的关键，是与时俱进的营销策略中不可或缺的部分。

有的学者主张用"4C"来取代"4P"，认为"4C"更能满足当前的市场需求。但许多学者并不赞同这种观点。"4C"理论确实强调了消费者的地位，将营销的焦点从产品转向了消费者，但这并不意味着"4P"理论就完全失去了意义。相反，"4P"理论和"4C"理论相辅相成，各有侧重，又相互补充。"4C"理论更强调从消费者的角度出发，而"4P"理论则提供了营销活动的具体操作策略。所以，"4C"理论只是深化了"4P"理论，而不是取代"4P"理论。

从深层次来看，"4P"理论与"4C"理论的关系其实是在企业的战略层面和操作层面之间找到了一个平衡。比如，在"4C"理论中，"Customer"是指先研究顾客的需求与欲望，然后再去生产和销售顾客想要买的产品，这就是用"客户"取代"产品"；"Cost"是指了解顾客为满足其需求愿意付出的成本，然后再去制定定价策略，这就是用"成本"取代"价格"；"Convenience"是指在制定分销策略时，要让顾客购买的过程尽可能方便，这就是用"便利"取代"渠道"；"Communication"意味着在进行推广活动时，要注意与顾客的沟通，而不仅是单向的推销，这就是用"沟通"取代"推广"。

了解"4C"理论的发展历程，有助于运营者洞察营销理论的演进脉络，更好地把握营销实践的变化趋势。

三、营销模式应用

从"4P"理论到"4C"理论的发展，体现了市场营销理念的转变和创新。在短视频营销模式的背景下，企业需要结合这两种理论，以满足消费者需求，实现有效的市场营销。在实际应用中，企业需要根据市场环境和自身特点，灵活运用这两种理论，制定适合自己的营销策略。

（一）"4C"理论在企业营销活动中的指导作用

"4C"营销理论是一种以消费者为中心的营销模式，其中包括了客户需求（Customer）、成本（Cost）、便利性（Convenience）和沟通（Communication）四个维度。这种理论更加贴近消费者的实际需求，强调的是从消费者的角度出发进行产品的设计、定价、销售和推广，因此在当今以消费者为主导的市场环境中具有极高的应用价值。

基于"4C"理论，企业在市场营销活动中需要关注客户需求，深入了解消费者的需求和喜好，以满足消费者为核心，设计符合目标市场的产品和服务。比如，宜家家居通过调查不同国家和地区的消费者需求，推出符合当地文化特点的家居产品。

企业在经营过程中，应该特别关注消费者在购买和使用产品过程中的成本，包括时间成本、金钱成本和精力成本等，力求为消费者提供高性价比的产品和服务。如易煤宝公司通过直接与煤矿合作，降低了采购成本，进而为消费者提供具有竞争力的价格。

在营销过程中，运营者一定要顾及便利性，优化销售渠道和物流配送，确保消费者能够方便快捷地获取和使用产品。比如，阿里巴巴通过淘宝、天猫等电商平台，实现了线上购物的便捷性，同时通过菜鸟物流，提升了物流配送的效率。

在营销过程中，运营者还要及时与消费者保持有效沟通，了解其需求变化，及时调整营销策略。同时，利用广告、社交媒体等多种渠道，向消费者传递品牌价值和产品信息。比如，耐克公司通过与体育明星合作，进行广告宣传和代言，有效地提升了品牌形象和知名度。

具体到短视频营销，运营者首先要以客户需求为出发点。在内容创作中，抖音和快手都会尽可能满足不同用户群体的需求。比如，抖音就有热门话题推荐、推荐算法等功能，让用户可以看到他们感兴趣的内容；快手则强调平民化、生活化的内容，让不同阶层、不同地域的用户都能找到共鸣。

有效沟通也是短视频营销中一个不可或缺的环节。抖音和快手都有丰富的互动功能，如评论、点赞、分享等，让用户可以轻松地与创作者进行交流。同时，这两大平台也会通过短视频，直观、生动地向用户展示产品的特点和优势，帮助品牌和商家有效地传递信息。

（二）"4C"理论在短视频营销中的应用

"4C"理论在短视频营销中的应用非常广泛，而且效果显著。无论是从消费者需求出发的内容创作，还是降低使用成本的购物功能，再到提供便利购物体验的平台设计，以及保持有效沟通的互动功能，都体现了"4C"理论的精髓，即从消费者的角度出发，提供满足消费者需求的产品和服务。而这种消费者为中心的营销模式，无疑也会在未来的市场环境中，继续发挥重要作用。

"4C"理论在短视频营销中得到了充分的应用，这一理论将消费者的需求、成本、便利性和沟通四个方面结合起来，提供了一个全面而深入的营销策略。随着社会的发展和消费者需求的变化，"4C"理论将持续引领营销行业的发展趋势，帮助企业更好地满足消费者的需求，提升营销效果。

（三）营销理论对营销的启示

短视频营销作为一种新兴的营销方式，已经逐渐成为市场营销的主流趋势。随着短视频平台的快速发展和用户规模的扩大，越来越多的企业开始将短视频融入自己的营销策略中。"4P"理论和"4C"理论在短视频营销模式中的应用，将为企业提供更多的营销启示和机遇。

企业利用短视频平台丰富的用户数据和精准的推荐算法，可以更好地了解消费者需求，实现个性化营销。比如，企业通过用户在短视频平台上的观看、点赞、评论等行为数据，可以精确判断消费者的兴趣爱好和购买意愿，从而为用户推送更具针对性的广告和促销信息。

短视频营销还可以帮助企业降低营销成本，提高投资回报。与传统的电视、报纸等广告相比，短视频广告的制作成本较低、覆盖面更广、传播速度更快。此外，短视频平台上的用户群体年轻、活跃，更容易接受新事物和新品牌，有利于企业提高品牌知名度和市场份额。

短视频营销可以促进企业建立与消费者间的互动关系、提升品牌忠诚度。企业通过发布有趣、有价值的短视频内容，可以吸引更多的用户关注和讨论，形成品牌口碑。企业还可以通过短视频平台举办挑战赛、抽奖等各种互动活动，进一步拉近与消费者之间的距离，提升品牌忠诚度。

随着短视频的普及，企业在短视频营销模式下，可以充分利用"4P"理论和"4C"理论的优势，结合短视频平台的特点和市场环境，制定出切实可行的营销策略。

企业在运营过程中，需要重视产品的创新和差异化。通过短视频平台，企业可以将产品的特点和优势展示给更多的消费者，吸引他们的关注。比如，美的集团利用短视频平台，创作了一系列关于智能家电的产品使用视频，通过这些视频生动地展示了美的品牌的人性化设计和产品的便捷性，有效提升了品牌知名度。小米公司也通过发布一系列关于其最新手机功能和设计的短视频，吸引了大量科技爱好者的关注，推动了产品销售。

在制定价格策略时，企业可以结合短视频平台的推广活动，为消费者提供实惠的购物体验。比如，拼多多通过与抖音的合作，发布了一系列限时抢购、团购的短视频，这些视频在短时间内获得了大量点击和转发，极大地增加了消费者的购买欲望。京东也通过在快手平台发布优惠券，吸引了大量消费者关注和购买。

在产品推广方面，企业可以通过创新促销手段，利用短视频平台的互动功能，提高消费者的参与度和购买意愿。比如，完美日记通过与短视频网红合作，发布了一系列产品试用、测评的短视频，这些视频的真实性和互动性大大增加了产品的曝光度和消费者的信任度。再如，美团点评在抖音平台发布了一系列餐饮商家的优惠活动，让消费者在观看视频的同时也能参与到促销活动中来。

"4P"理论到"4C"理论的发展，为短视频营销模式提供了丰富的理论依据和实践指导。在未来的市场竞争中，企业可以通过不断学习和探索，充分发挥短视频平台的优势，实现市场营销的创新和突破。

第三章
短视频营销——时代营销新模式

第三章 短视频营销——时代营销新模式

21世纪科技迅速发展，互联网技术日益普及，人们的生活发生了翻天覆地的变化，也为营销界带来了前所未有的机会。短视频的崛起，无疑是这个时代最具创新性和影响力的变革之一。企业和品牌商都意识到短视频具有强大的传播力和影响力，纷纷将其运用到营销领域。本章将对短视频营销的相关概念、战略特点进行深入分析，并结合实际案例，探讨如何在这个新兴领域取得成功。

第一节 短视频营销相关概念

短视频正在营销领域展现出巨大的潜力，企业通过短视频，以全新的方式传播品牌信息、吸引消费者关注、推动销售、实现营销目标。本节将深入探讨短视频营销的相关概念，解析这个新兴营销方式的内涵、特性及其在当前市场环境中的战略价值，探索如何有效利用这个新兴的营销手段，全面深入地理解短视频营销，为企业的短视频营销实践提供理论参考。

一、短视频营销的定义

短视频营销是指企业利用短视频平台，创作与发布与产品、品牌、服务相关的有趣、有价值的短视频内容，以吸引目标用户关注、参与、分享。

短视频营销为企业提供了一种新的营销方式，在短视频营销过程中，企业通过精心设计的短视频内容，展示了品牌的价值和个性，使消费者在享受视觉盛宴的同时，也能深入了解品牌和产品。这不仅增强了消费者对品牌的认知和好感，也使品牌信息能在用户中快速、广泛地传播，达到了提高品牌知名度、增加产品销量等营销目标。

短视频营销已经成为当下最火热的营销方式之一，其精准、高效、互动性的特点，使越来越多的企业选择短视频营销作为传播品牌信息、吸引消费者关注的重要手段。这种新型营销方式以其独特的魅力，正在改变着传统营销模式，为企业提供了更加灵活、多元的营销策略选择。

在我国的短视频营销市场，有许多成功的案例。例如，我国内地某短视频创作者以其原创的美食和传统文化内容，在国内外广受欢迎。她通过创意内容和独特风格吸引了国内外观众的关注，在多个社交媒体平台上积累了庞大的粉丝群体，并与品牌合作进一步推广了自己的品牌。在2018年的短短几个月内，她在YouTube上获得了白银和烁金创作者奖牌，并获得了百万粉丝的关注。她通过持续不断地发布内容和与粉丝互动，建立了稳定的观众基础，其作品在社交媒体平台上获得了数百万的播放量，并于当年开设了自己的天猫旗舰店。她的成功案例，展示了短视频营销在吸引目标受众、扩大品牌影响力和创造商业机会方面的巨大潜力。

短视频营销有很大优势，企业和品牌能够借助短视频平台的大数据、算法推荐等技术，实现精准的营销传播。通过这种途径，企业和品牌不仅可以精确地找到目标消费者，还可以通过用户的反馈，及时调整营销策略、优化营销效果。

二、目标群体与需求分析

任何一种营销活动，都需要了解目标群体和他们的需求，短视频营销也不例外。只有清楚了解了目标群体的特点、需求和期望，才能制作出吸引他们的短视频，从而实现营销的目的。

在进行目标群体的分析时，需要考虑受众群体的年龄、性别、职业、收入水平、兴趣爱好、生活方式等因素，针对不同群体的需求，制定相应的短视频营销策略。同时也需要了解受众群体的购买习惯是倾向于线上购物还是线下购物、在购物时更看重价格还是品质、更愿意相信广告还是口碑等信息，并根据这些信息对营销方式进行调整。

短视频营销的目标群体包括年轻人、白领阶层、家庭主妇、其他特定群体等。根据不同人群的特点，企业可以针对性地制定短视频内容、风格、传播策略等。

（一）年轻人

年轻人构成了短视频营销的主要目标群体。他们活跃在各大社交媒体平台，乐于分享生活、体验新事物，他们的行为习惯和喜好，直接影响着短视频营销的策略和内容。

年轻人的消费习惯与传统消费者有很大差异。他们喜欢在线消费，热衷于互联网购物。他们的购物决策通常受他们在社交媒体上看到的信息影响，如明星推荐、热门评论等。因此，许多短视频平台，如抖音和快手，都推出了内置购物功能，使用户可以在观看短视频的同时，直接购买视频中展示的产品。

年轻人重视品牌故事和价值观。他们不仅关注产品的功能，也关注品牌的社会责任和价值观。因此，短视频营销需要传递出与年轻人价值观相符的品牌信息。比如，许多短视频中的环保、公益主题，都得到了年轻人的热烈响应。

短视频营销需要深入了解年轻人的需求和喜好，针对这一目标群体制作的短视频要充满活力、时尚、潮流，符合年轻人审美。同时，还要制定符合年轻人习惯的营销策略，创作吸引他们的短视频内容，以留住这个重要的用户群体。

（二）白领阶层

白领阶层工作压力较大，短视频可以为他们提供轻松的休闲方式，帮助缓解压力。这一目标群体多为专业人士，具有较高的消费能力和消费潜力，对新事物、新品牌的接受度较高，具有较强的购买决策影响力。针对这一群体制作的短视频需要专业性强，能够展现产品或服务优势。

白领阶层的消费决策往往以专业知识和理性思考为导向。因此，针对他们的短视频营销需要注重专业性和权威性。例如，一些短视频平台上的专业技术类频道，如财经分析、科技资讯、健康医疗等，都受到了白领阶层的喜爱。

白领阶层有较高的购买力和消费潜力，对新品牌和新产品的接受度也较高。因此，短视频平台上的新产品发布、新品牌推广等活动可以有效吸引他们的注意。比如，抖音、快手等短视频平台上的许多新品牌，通过发布短视频展示产品的特点和优势，成功吸引了白领阶层的关注和购买。

白领阶层在社交网络上有着较强的影响力。他们的点评和推荐，对其他消费者的购买决策有很大影响。比如，许多短视频平台上的KOL，就是这个群体的代表，他们通过分享生活、评测产品，影响着大量的粉丝。因此，吸引白领阶层并利用他们的影响力，对短视频营销也有很大的帮助。

白领阶层是短视频营销的一个重要目标群体，要通过专业、高品质的内容吸引他们的关注，满足他们的消费需求，才能有效进行短视频营销。

（三）家庭主妇

家庭主妇构成了短视频营销的又一重要目标群体。她们有一定的空闲时间，对丰富的生活信息有需求，使她们成为短视频平台的主要用户。对于家庭主妇这一群体，短视频营销的策略应关注生活服务、家居装饰、烹饪、育儿等主题，围绕这些生活主题，提供实用性强、操作性简单的信息，以满足她们的实际需求和兴趣。

比如，在抖音、快手等短视频平台上，存在大量的家庭生活类短视频，如家庭装修心得、简单易学的菜谱、育儿经验分享等，这些内容深受家庭主妇的欢迎。

家庭主妇通常掌握着家庭的消费决策权，对购物信息有高度关注。

因此，商品推广、优惠活动等形式的短视频，可以有效吸引家庭主妇的注意力。比如，许多电商平台会在短视频平台上推出商品推广活动，提供优惠券、折扣等购物优惠，以此吸引家庭主妇的关注和购买。

此外，家庭主妇也往往是社区的社交核心，对于亲友、邻里的购买决策有很大影响。短视频平台可以通过引导家庭主妇分享喜欢的短视频，以此扩大短视频的传播范围，进一步提高品牌的知名度和影响力。

针对家庭主妇的短视频营销，需要注重生活实用信息的提供，同时利用各种优惠活动吸引她们购买。只有这样，才能真正满足家庭主妇的需求，实现有效的短视频营销。

（四）其他特定群体

短视频平台的用户群体具有多元化、细分化的特点，短视频进行营销时，应关注用户的消费需求、认知需求，如方便性、价格优势、个性化定制等，还要关注用户的情感需求，如娱乐、社交、认同感等。根据不同目标群体的特点，深入进行需求分析，通过满足这些多维度因素需求，有针对性地制定符合其兴趣喜好的短视频营销策略和营销内容，以提高短视频营销的吸引力和转化率。

针对特定群体，如学生和老年人，尽管他们在整个短视频用户群体中的占比可能不如年轻人和白领大，但他们的需求和期望也不应被忽视。短视频可以为这些特定群体提供学习资源、交流平台和娱乐方式。

对于学生来说，他们一般有较强的学习和探索欲望。因此，短视频营销策略可以针对学生群体的特点，提供具有教育性的内容，如学习技巧、专业知识、兴趣爱好的培养等。比如，快手上的学习类短视频如"学霸笔记"，这些具有知识性和教育性的内容往往能够吸引学生用户的关注。

而对于老年人群体，他们对新鲜事物的好奇心和社交需求可能是他们接触短视频的主要动力。因此，短视频营销策略可以为老年人提供有趣的娱乐内容，或者提供便捷的社交渠道。比如，抖音的健康养生类短视频，或是各种兴趣爱好分享，都能够吸引老年用户的关注。

针对这些特定群体，短视频营销还应注重用户体验的优化。比如，为了更好地服务老年用户，短视频平台可以简化操作流程，提供清晰的使用指南，使老年人能够更方便地使用短视频平台。

综合来看，无论是哪一类目标群体，都需要短视频营销有足够的了解和关注。只有深入理解用户的需求和期望，才能制定出更具针对性和效果的短视频营销策略。同时，只有关注用户的体验，才能真正吸引用户，优化短视频营销的效果。

三、短视频营销战略

短视频营销战略是指企业根据自身发展阶段、市场竞争状况、目标群体需求等因素，制定的短视频营销目标、定位、内容、预算和优化方案。

（一）短视频营销战略应具备的主要特点

一个成功的短视频营销战略，应具备明确的目标、精准的定位、创新的内容、合理的预算和持续的优化（图3-1）。这些特点将帮助企业在竞争激烈的短视频平台上脱颖而出，有效吸引用户并推动品牌的发展。

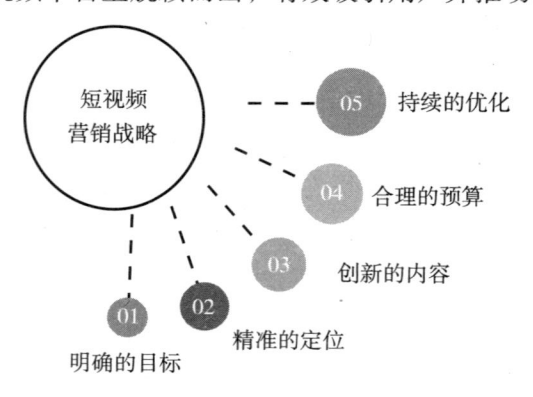

图 3-1 短视频营销战略主要特点

1. 明确的目标

短视频营销战略，如同任何一个成功的营销战略，其首要特点便是明确的目标。在短视频营销时，企业应根据自身发展阶段和市场竞争状况，设定具体、可衡量的短视频营销目标，如提高品牌知名度、增加产品销量、扩大市场份额等。比如，服装品牌可以设定在短视频平台上提高品牌知名度为目标，制定相应的短视频内容和推广策略。

短视频营销战略的目标必须清晰明确。如一个初创的时尚品牌，其主要目标可能是提升品牌的知名度和认知度，而对于一个已经有一定市场份额的电子产品品牌来说，可能更关注如何通过短视频营销来提升产品销量，或者进一步扩大其市场份额。这些目标应当是具体且可衡量的，以便于品牌能够在营销活动中进行有效的跟踪和评估。

例如，我国的服装品牌森马经常会在抖音等短视频平台上大力推广自家的产品。森马的目标是提高品牌在年轻人群中的知名度，增加产品销量。森马通过发布与年轻人生活息息相关的短视频内容，以吸引年轻用户的关注，同时在视频中直接或间接展示自家的产品。不仅如此，森马还会根据节日或季节变化，推出不同的营销活动，如节日促销、新品发布等，吸引用户购买。森马通过这些方式，成功地将自己的营销目标转化为实际的营销活动。

短视频营销战略的目标不应是固定不变的，而应随着市场环境的变化进行相应的调整。比如，在面临激烈竞争的市场环境中，品牌要通过短视频营销活动提高产品的差异化程度，以吸引消费者的注意。同时，品牌也需要关注用户反馈和市场变化，以便及时调整短视频营销战略，以达成其设定的目标。

明确的目标是短视频营销战略的重要特点，也是其成功的关键。在我国的短视频营销环境中，可以看到越来越多的品牌通过设定明确的目标，成功实施短视频营销活动，并达成自己的营销目标。

2. 精准的定位

在制定短视频营销战略时，精准定位对于企业的成功至关重要。精准定位可以帮助企业找准目标群体，确保其营销资源得到有效利用；精准定位还能帮助企业深入了解目标群体的需求和期望，从而提供更具吸引力的产品或服务。

精准定位首先要求企业有清晰、准确的目标群体画像。比如，企业可以通过市场调研、用户行为分析等方式，深入了解目标群体的年龄、性别、地理位置、消费习惯等特点，然后根据这些特点，来制定与其匹配的短视频营销定位策略，如年轻化、时尚化、个性化等。

以短视频抖音平台为例，其用户主要为年轻人，特别是 18~35 岁的年轻人。因此，抖音在制定短视频营销策略时，就强调年轻化、时尚化、创新性的内容和形式。

精准定位不仅需要企业对目标群体有深入的了解，还需要企业关注目标群体的变化和动态。因为消费者的需求和期望是会变化的，企业需要随时调整短视频营销策略，以适应市场的变化。随着移动互联网的普及和发展，消费者对短视频的需求也在不断变化，企业需要不断更新短视频营销内容和形式，以满足消费者的新需求。比如，随着消费者对健康饮食和生活方式的关注度提高，一些食品和健康品牌如喜茶、keep 等开始在抖音等短视频平台上发布与健康饮食、运动等相关的短视频，以此来吸引消费者的关注。

在数字营销时代，精准定位是短视频营销战略的关键。想要适应快速变化的市场环境，保持持续的竞争优势，企业必须不断学习、创新，深入了解目标群体的特点和需求，制定与其匹配的短视频营销策略，才能实现有效的短视频营销。

3. 创新的内容

在短视频营销领域，内容的创新和差异化尤为重要。无论是在形式、话题还是互动上，创新都能提升用户的参与热情，引发更大范围的关注和传播。企业应注重短视频营销内容的创新和差异化，避免陷入同质化竞争。创新的内容包括形式创新、话题创新、互动创新等，如通过短视频挑战、话题讨论、用户互动等形式，激发用户的参与热情和传播欲望。

形式创新是吸引用户注意的重要手段。现在的消费者被各种营销信息包围，要让消费者对某个品牌或产品产生兴趣，就需要在形式上有所创新，给用户带来新鲜感。在抖音等短视频平台上，形式创新的方式有很多，比如短视频挑战、用户 UGC 内容、独特的拍摄手法等。例如，手机品牌 OPPO 在推广自己的手机时，就曾经发起了一场"OPPO 手机夜景摄影"短视频挑战，邀请用户以创意短视频的形式展示手机的夜景摄影功能，这种方式既展示了产品特性，又引发了用户的参与和传播。

话题创新也是短视频营销的有效策略。通过挑选或创造热门话题，品牌方可以引导用户关注和讨论，从而提高品牌和产品的曝光度。例如，茶饮品牌喜茶在抖音上推出了"喜茶 DIY"话题，鼓励用户分享自己创作的喜茶饮品，这种方式不仅让用户更深入地参与到品牌活动中，也进一步提升了喜茶的品牌影响力。

互动创新也是吸引用户参与的有效手段。通过设置互动环节，可以让用户更深入地参与到短视频营销活动中，提高用户的参与度和忠诚度。

无论是形式创新、话题创新还是互动创新，都是短视频营销战略的重要组成部分。短视频的创作者和运营者要不断探索和尝试，发掘短视频营销的潜力，增强营销效果。在这个过程中，用户的反馈和建议是运营者改进和完善的重要参考，运营者应该充分利用这些信息，提升短视频营销的效果和质量。

4. 合理的预算

在制定短视频营销策略的过程中，企业的预算控制能力至关重要。合理的预算可以帮助企业在有限的资源中最大化效益，优化投入产出比。企业应根据短视频营销目标和策略，合理分配营销资源，确保投入产出比的优化。预算分配应考虑短视频制作成本、平台推广费用、合作网红费用等方面。比如，企业可以预先制定短视频制作和推广的预算，确保成本在可控范围内，提高投资回报率。

在短视频营销中，预算分配需要考虑多个方面，包括但不限于短视频的制作成本、平台推广费用、合作网红费用等。制作短视频需要投入相应的人力、物力，包括拍摄设备、剪辑软件、场地租金以及员工工资等。这些都需要在预算中进行规划。短视频的推广也需要一定的费用。企业可以通过购买广告位，或者在短视频平台上进行推广，来提高视频的曝光率和观看率。此外，一些企业还会选择与网红合作，通过网红的影响力来提升产品或服务的知名度，这也是需要投入预算的。

以短视频平台快手为例，有许多企业通过快手进行短视频营销。这些企业会预先制定短视频的制作和推广预算，如雀巢公司就成功地通过快手进行了一次短视频营销活动。雀巢在预算内聘请了一位受欢迎的网红进行直播推广，同时，雀巢也支付了快手平台的推广费用，最终该活动取得了很好的效果，销售量大幅增长。

然而，预算的设定也要考虑到风险因素。因为短视频营销的效果并不总能达到预期，有时可能会出现不如预期的情况。因此，企业在设定预算时，需要预留一定的余地，以应对可能出现的风险和挑战。

合理的预算是保证短视频营销成功的重要因素。企业需要根据自身的财务状况和营销目标，合理分配资源，制定科学的预算，从而优化投入产出比，实现短视频营销的效益最大化。

5.持续的优化

在进行短视频营销时，持续优化是企业营销取得成功的关键因素之一。企业应关注短视频营销的实时数据和效果，根据用户反馈和市场变化，不断调整和优化短视频营销战略。持续优化有助于提高短视频营销的效果和投资回报率。比如，企业可以定期分析短视频数据，了解用户喜好和趋势，根据分析结果调整短视频内容和风格。

持续优化主要包括两个方面：数据分析和策略调整。数据分析是持续优化的基础，企业需要通过数据分析工具，收集并分析短视频的播放量、点赞数、分享数、评论数等数据以及用户的性别、年龄、地域、兴趣等信息。这些数据能帮助企业了解短视频的表现和效果以及用户的喜好和趋势。比如，企业能通过数据分析发现某种类型的短视频更受用户欢迎，或者某个时间段发布短视频的效果更好，这些都是对优化策略非常有帮助的信息。

策略调整是持续优化的关键，企业需要根据数据分析的结果，对短视频营销战略进行适当的调整。比如，如果数据显示用户更喜欢有趣和轻松的短视频，企业就要调整短视频的内容和风格，使其更符合用户的品位。如果数据显示某个时间段发布短视频的效果更好，企业就要调整短视频的发布时间，以获得更大的曝光和影响力。

我国的许多企业都已经意识到持续优化的重要性，企业通过使用各种数据分析工具和方法，不断优化短视频营销战略，以提高营销效果和投资回报率。比如，阿里巴巴集团就有一个专门的数据分析团队，他们负责收集和分析各种数据，为阿里巴巴的短视频营销提供强大的数据支持。

持续的优化是短视频营销的一个重要特点，它能帮助企业适应市场变化，增强营销效果，提高投资回报率。因此，企业在进行短视频营销时，一定不能忽视持续优化的重要性。

（二）案例分析

短视频营销作为一种新兴的营销模式，已经在各个行业取得了显著的成果。企业应根据自身发展阶段、市场竞争状况、目标群体需求等因素，制定适合自己的短视频营销战略，并不断优化和调整，以适应市场的变化。同时，企业还应关注新兴技术和平台的发展趋势，不断创新短视频营销形式和内容，提高短视频营销的效果和投资回报率。

具体操作，可以参考以下实际案例分析。

案例一：某家具品牌通过短视频营销成功提升品牌知名度

该品牌以年轻人为目标群体，制定了一系列时尚、创意的短视频内容，如家居DIY、空间改造等。同时，该品牌还与多位知名网红合作，共同推出一系列家居搭配短视频，引发了网友的广泛关注和讨论。在短视频营销的推动下，该品牌成功提升了品牌知名度和市场份额。

案例二：某健康食品品牌运用短视频营销增加产品销量

针对家庭主妇和健康养生人群的需求，该品牌制作了一系列养生食谱短视频，展示了产品的健康功效和独特口感。通过与健康养生类网红的合作，该品牌的短视频在平台上获得了大量的播放量和关注度，进而带动了产品销量的增长。

案例三：某旅游平台通过短视频营销吸引用户预订旅游产品

该平台以年轻人、白领阶层为目标群体，制作了一系列风光秀丽、体验丰富的旅行短视频，激发了用户的旅游欲望。同时，该平台还通过短视频平台的广告投放，扩大了品牌曝光度，吸引了大量新用户。在短视频营销的助力下，该平台的预订量大幅增长。

第二节　短视频营销的优势

短视频营销作为新兴的营销方式，在企业营销战略中占据越来越重要的地位。本节将详细分析短视频营销的优势，包括快速传播与广泛覆盖、互动和与用户参与度高，以及数据分析与精准推广（见图3-2），并结合案例进行具体阐述。

第三章 短视频营销——时代营销新模式

```
短视频营销优势 ─┬─ 快速传播与广泛覆盖
              ├─ 互动性和用户参与度高
              └─ 数据分析与精准推广
```

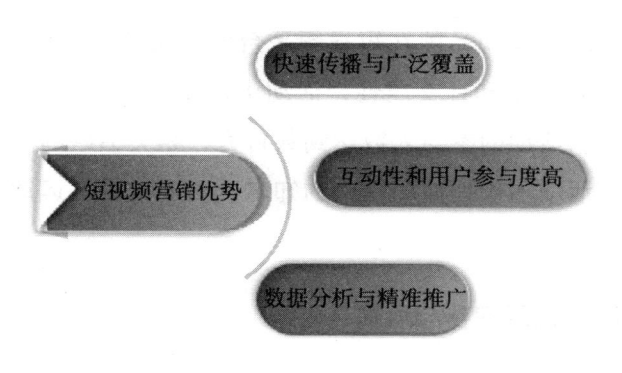

图 3-2 短视频营销的优势

一、快速传播与广泛覆盖

短视频营销具有快速传播、广泛覆盖的特点。一方面，短视频本身具有碎片化、轻松消费的特性，符合现代人的观看习惯；另一方面，短视频平台的推荐机制和社交属性可以实现短视频的快速传播和裂变效应。通过短视频营销，企业可以迅速将品牌和产品信息推广至大量目标用户。

短视频的这个特点，可以结合喜茶"抢茶 1 元"活动来进行分析。

在 2022 年"双十一"期间，喜茶运用短视频平台进行了一场"抢茶 1 元"营销活动。品牌制作了一系列短视频，展示了喜茶的各款热销产品，并在视频中宣布了"抢茶 1 元"的优惠活动。这些视频迅速在平台上疯狂传播，短短几天内，视频浏览量和转发量均达到了数百万，喜茶的品牌影响力和产品销量也随之大幅增长。

短视频传播速度快、覆盖面广，这一优势在华为 Mate 40 发布会活动得到了充分展示。

2022 年 10 月，华为通过短视频平台进行了 Mate 40 系列手机的线上发布会。品牌方邀请了多位明星和网络红人参与直播，同时配合一系列预热短视频，吸引的观看人次过亿。最终，这些短视频的广泛传播，使华为 Mate 40 的发布会成为社交媒体的热门话题，也带动了新品的销售。

另外，还有某运动品牌在短视频平台上发布的一款跳舞挑战活动，通过平台的推荐机制和社交属性，活动迅速获得了广泛的关注和参与。短短几天内，该活动的参与人数达到数百万，相关话题的阅读量更是达到数十亿。该活动不仅提高了品牌的知名度，还带动了运动装备的销量增长。

二、互动性和用户参与度高

短视频营销具有较高的互动性和用户参与度。用户可以通过评论、点赞、转发等方式与短视频内容互动，同时企业也可以实时回应用户的反馈，与用户建立良好的关系。此外，短视频平台还提供了挑战、话题等互动功能，企业可以借助这些功能发起各类互动活动，提高用户的参与度和对品牌的关注度。

短视频的互动性强、用度参与度高，这一特点在洽洽食品的"嗑瓜子挑战"中展露无遗。

洽洽食品在短视频平台上发起了一个名为"嗑瓜子挑战"的活动。品牌方邀请用户上传自己"嗑瓜子"的短视频，并配上"嗑瓜子挑战"这一特定的话题标签。这个活动引发了大量的用户参与，用户通过自己的创意视频，展示了各种嗑瓜子的独特技巧，同时也宣传了洽洽的产品。该活动成功提升了洽洽品牌的知名度，同时也增强了与用户之间的互动性。

与此类似的，还有恒源祥的"云试穿"活动。

恒源祥在短视频平台上推出了"云试穿"活动，邀请用户上传自己试穿恒源祥产品的视频，并附上相应的活动话题标签。这个活动不仅引发了用户的热烈参与，在试穿产品的过程中，用户还可以深度了解恒源祥这一品牌及其产品。这次活动非常成功，大大提升了恒源祥的品牌形象和用户的参与度。

另一个案例，就是某化妆品品牌在短视频平台上推出的系列教学类短视频，品牌方通过短视频向用户演示如何正确使用化妆品。在这一过程中，用户可以在评论区提问，品牌方则会针对用户的问题进行回答。品牌还邀请用户参与话题互动，在话题中分享自己的化妆经验和心得。这些互动方式，提高了用户对品牌的认可度和忠诚度。

三、数据分析与精准推广

短视频营销可以利用大数据和算法分析用户行为、兴趣、消费习惯等信息，实现精准推广和个性化营销。企业可以根据用户数据制定有针对性的短视频内容和传播策略，提高营销效果和投入产出比。同时，数据分析还可以帮助企业不断优化短视频营销策略，提升营销水平。

"百雀羚"是我国护肤品牌，在进行营销时，品牌方在短视频平台上推出了一款皮肤测试小程序，用户可以通过小程序进行皮肤测试，并得到个性化的护肤建议。通过收集用户的皮肤数据，百雀羚不仅可以有针对性地为用户提供个性化的产品推荐，还能精准地进行短视频营销，提高转化率。这次营销活动，成功提升了百雀羚的用户黏性和产品销售量。

无独有偶，手机品牌"魅族"也曾通过数据分析进行用户画像，并以此进行精准推广。

在营销过程中，"魅族"品牌方通过短视频平台的大数据分析，绘制了用户的兴趣和消费习惯画像，并根据这些画像制定了精准的短视频营销策略。针对喜欢摄影的用户，魅族品牌方会推送关于手机摄影功能的短视频；对于喜欢游戏的用户，魅族品牌方则会推送关于手机游戏性能的短视频。这种精准的营销策略，大大提升了魅族品牌短视频营销的效果和投入产出比。

第三节 "短视频+"的相关营销模式

随着短视频营销的持续发展，企业正在探索更多与短视频相关的营销模式，以适应不断变化的市场需求和用户喜好。本节将分析四种典型的"短视频+"营销模式（图3-3），并结合实际案例进行深入探讨。

```
                    短视频
          ┌───────┬──┴───┬────────┐
       内容营销  直播带货 社交电商  跨界合作
```

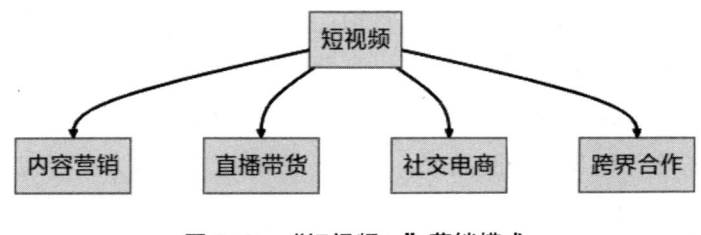

图3-3　"短视频+"营销模式

一、短视频+内容营销

在信息爆炸的时代，内容营销成了企业与目标用户建立联系、提高品牌认知度的重要途径。结合短视频这一新兴传播载体，"短视频+内容营销"为企业带来了更广泛的传播渠道和更高的用户互动度。

短视频作为一种新兴的内容形式，被越来越多的企业运用到营销中。特别是短视频与内容营销的结合，以直观、生动的形式，迅速吸引了大批用户的注意力，极大优化了内容的传播效果。

"短视频+内容营销"模式下，企业会用有趣、有价值的短视频内容吸引并留住用户，进而推广自家的产品和品牌。不同于传统的硬广告，这种方式更加隐蔽且生动，能够让用户在享受内容的同时接收到品牌信息，从而提升品牌认知度和影响力。

在我国，已经有许多企业成功运用"短视频+内容营销"的模式，赢得了市场和消费者的认同。

一位在短视频平台上人气颇高的厨艺博主就运用了这一营销模式。这位博主通过发布一系列制作云南特色美食的视频,吸引了大量美食爱好者的关注。在视频中,他不仅分享了美食的制作过程,也巧妙地推广了与之相关的厨房用品和食材,让商业合作伙伴获得了良好的曝光效果。

"短视频+内容营销"模式的优势在于,能将品牌和产品的推广融入有趣的内容中,使得营销更加隐蔽,减少了用户的抵触心理,同时也增加了用户对品牌和产品的好感。因此,企业在选择营销方式时,可以考虑运用这一模式,制作符合目标用户喜好的短视频内容,提高品牌和产品的影响力。

二、短视频+直播带货

直播带货作为近年来迅速崛起的一种电商模式,已经逐渐成为各大企业争相布局的新兴营销渠道。在现今的互联网营销中,"短视频+直播带货"成了一种日益普及的新型营销方式。这种方式依托于各大短视频和直播平台,利用平台的社交属性和推荐算法,打破了传统电商的销售模式,使得品牌和商品的推广变得更为立体、生动,极大地提升了用户的购买转化率。

"短视频+直播带货"是通过短视频平台的直播功能,邀请网红、明星、专家等代言人为产品进行现场展示、试用、解说等,以吸引用户购买。这种方式能使用户在欣赏有趣内容的同时,了解产品信息,增强了购买欲望。而直播的实时互动性也能更好地拉近品牌和用户之间的距离,提升用户的购买欲。

三、短视频+社交电商

社交电商作为一种基于社交关系的电商模式,可以有效地利用用户的社交网络实现产品的推广和销售。

在我国的营销市场上,"短视频+社交电商"形式已经表现出极高的营销效能。社交电商本身便是通过社交关系网络实现商品的推广和销售，其本质上具有高度的人际交互性和互动性，而短视频则以其独特的表现形式和高效的传播力吸引众多用户。两者的结合，使得企业在拓宽营销渠道的同时，也能提升用户的黏性，更加精准有效地推动产品销售。

如拼多多等社交电商平台，就曾结合短视频营销，通过发布有关产品使用的短视频，吸引用户关注并引导他们前往社交电商平台进行购买。短视频中的内容可以是品牌故事、用户评测、产品使用教程等，这些富有情感和故事性的内容，可以更有效地吸引用户关注，提升品牌影响力和认知度。同时，通过短视频，企业也可以在短时间内接触到更多的潜在消费者，为产品销售带来更大的推动力。

知名服装品牌 SHEIN 就成功运用了"短视频+社交电商"的模式。在各大短视频平台上，SHEIN 品牌方发布了一系列关于时尚搭配的短视频，引导用户了解并购买其品牌产品。SHEIN 品牌方邀请时尚博主在视频中展示品牌的服装搭配，通过直观展示的方式，让用户感受到产品实际上身穿搭的效果，激发消费者购买欲望。视频中还附上了商品链接，用户只要点击，就可以直接跳转到社交电商平台进行购买，通过短视频的这种引导作用，观众实现了从观看到购买的无缝连接。

"短视频+社交电商"的模式，让企业可以通过短视频的有趣、生动、直观的方式，展示产品的特性和优势，激发消费者的购买欲望。而社交电商平台则提供了一个方便、快捷的购买通道，使消费者能在欣赏内容的同时，顺利完成购物，提高了转化率。这种模式使企业可以在营销中实现短视频内容和社交电商的互补优势，既优化了营销效果，也增强了用户的黏性和购买率。

四、短视频+跨界合作

"短视频+跨界合作"是指企业与其他品牌、IP、明星等资源开展合作，共同打造短视频内容和活动，实现品牌曝光和传播。在这一模式下，企业可以借助合作方的资源和影响力，优化短视频营销的效果和品牌知名度，同时拓展品牌的合作网络和市场份额。

"短视频+跨界合作"作为一种突破行业界限的合作模式，可以为企业带来更多的资源、创意和市场份额，可以实现品牌曝光和传播的最大化，提高品牌知名度。

第四节 热点焦点话题

一、短视频营销的挑战与机遇

从早期的GIF快手一家独大到现在的抖音、快手等多平台繁荣，短视频营销的形式和内容已经发生了巨大变化。而随着短视频技术的发展和用户需求的变化，未来短视频营销还将呈现更多新的趋势和机遇。

中国互联网络信息中心（CNNIC）2023年8月发布的《中国互联网络发展状况统计报告》显示，截至2023年6月，我国网络视频用户规模为10.44亿人，较2022年12月增长1380万人，占网民整体的96.8%。其中，短视频用户规模为10.26亿人，较2022年12月增长1454万人，占网民整体的95.2%。

随着短视频平台的飞速发展，短视频营销面临诸多挑战与机遇。内容同质化问题已经成为一种制约短视频营销发展的重要因素，很多企业在创作过程中会发现自己的内容与竞争对手相似，难以形成独特的品牌印象。但如果换个角度思考，这也为具备独特创新思维的企业提供了机会，那些能够打破常规、创作出独特且具有吸引力内容的企业将更容易在竞争中脱颖而出。

随着用户数量的增加，用户的注意力资源越来越分散，企业需要更精细的策略来吸引和保持用户的注意力。同时，监管政策也在不断变化，对于短视频内容的要求也在提高，企业需要了解并遵守相关政策，避免因违规操作而受到处罚。

尽管面临内容同质化、用户注意力分散、监管政策变化等重重挑战，有更多问题需要企业密切关注和应对，但短视频营销的机遇同样值得期待。随着互联网和智能手机的普及，短视频用户规模正在不断扩大，为企业提供了更为广阔的市场空间，技术创新也在为短视频营销创造新的可能。比如，借助AI和大数据技术，企业可以更精确地了解和预测用户需求，制定出更有效的营销策略。

二、行业案例分析

短视频营销已经在中国的市场环境中显示出巨大的影响力，无论是快消品、电子产品，还是电商平台，都在尝试并利用这种新的营销方式进行品牌传播，短视频营销案例更是数不胜数。

例如，奥利奥在市场营销中就运用了短视频营销，取得了显著效果。在"你敢玩，我就敢送"活动中，奥利奥利用抖音平台发布一系列挑战视频，鼓励用户上传自己的挑战视频，每个参与者都有机会获得奖品。这个活动不仅增加了奥利奥与用户之间的互动，也增强了品牌在年轻人群中的影响力。

再如，美的集团通过短视频营销，巧妙地推广了其智能家居产品。美的利用抖音平台，发布一系列展示智能家居产品使用方法和优势的短视频。这些短视频以实际场景为背景，让消费者能直观地看到产品带来的便利，从而刺激消费者的购买欲望。

美食类短视频也是短视频营销的热点。例如，统一企业的"汤达人"品牌凭借一系列富有创意的短视频，成功提升了品牌影响力。在视频中，汤达人巧妙地展示了其方便面的多种烹饪方式，吸引了大量美食爱好者的关注，提升了产品的销售量。

在"短视频+直播带货"的模式下，蜜雪冰城借助快手平台，邀请了多位网红进行直播带货。网红们在直播过程中分享自己的消费体验，表达对蜜雪冰城产品的喜爱，激发观众的购买欲望，从而成功帮助蜜雪冰城品牌方提升了销售业绩。

苹果手机在针对中国市场的营销中，也成功利用了短视频营销。苹果（中国）通过发布一系列使用苹果手机产品进行创作的短视频，鼓励用户以苹果产品为工具创作出自己的短视频作品。苹果手机的这种营销方式，既能展示产品的功能和优势，也能激发用户的参与热情，提高品牌的知名度和影响力。

各大品牌开始慢慢意识到了抖音、快手等短视频平台的重要意义。华为、荣耀、小米等电子品牌纷纷开通短视频账号，为目标用户群体定制短视频传播营销策略。品牌希望通过借助短视频平台对用户群体的影响力和传播力，使有限的资源发挥最大的价值，从而获得市场竞争优势。

我国知名的乳品品牌蒙牛，利用"短视频+内容营销"，通过推出一系列的真人秀短视频，让消费者更加直观地了解其产品的制作过程和品质保证，从而提高了品牌的影响力和消费者的购买意愿。

我国电商巨头阿里巴巴的"淘宝直播"通过结合"短视频+直播带货"，吸引了大量的消费者和卖家，创造了惊人的销售额。这一模式的成功，为其他电商平台提供了一个值得借鉴的例子。

三、未来趋势预测

随着科技的发展和用户需求的不断变化，短视频营销正在以前所未有的速度发展。在此背景下，我国的短视频营销趋势呈现出以下显著特点。

首先，短视频内容正变得越来越丰富多样化，以满足不同用户群体的需求。以抖音为例，来自各行各业的内容创作者在平台上发布各种形式和主题的短视频，从美食制作、旅行分享，到职场指导、科普讲解，几乎涵盖了所有人们能想到的领域。这反映了用户群体的多样性和个性化需求。在这种趋势下，企业需要更好地理解和把握各类目标用户的需求和兴趣，以制定更符合消费者需求的短视频营销策略。

其次，随着全媒体营销思维的深入人心，短视频营销与其他媒介和平台的融合将更加紧密。许多企业已经开始实施多平台营销策略，把短视频营销与社交媒体营销、电商营销等其他营销方式结合起来。许多品牌会在抖音上发布新品或活动的预告，然后在微博、微信等社交媒体上进行深入的推广，最后引导用户到电商平台完成购买。这种全媒体营销方式能够构建更立体、全面的品牌形象，也能更好地满足用户在各个平台的需求。

再次，随着数据分析技术的进步，短视频营销的精准性和效率也将进一步提高。短视频平台拥有大量的用户数据，品牌方可以通过对这些数据的分析，更深入地了解用户的行为模式和偏好，以进行更精准的营销。比如，品牌可以通过数据分析，找出自己的核心用户群体，了解消费者的观看习惯、兴趣爱好等信息，然后制定更符合他们需求的短视频营销内容。

最后，短视频营销将更加注重用户体验和社会责任。短视频不仅为用户提供了新的娱乐方式，也为企业和品牌提供了新的营销工具。随着消费者对社会责任和可持续性的重视程度提升，企业也将更加注重在短视频营销中展现自己的社会责任和品牌价值。越来越多的品牌开始在短视频营销中传递环保、公益等社会责任信息，以此提升自己的品牌形象和社会影响力。

未来的短视频营销将更加丰富多样、精准高效，也更加注重用户体验和社会责任。对于企业来说，紧跟这些趋势，不断创新和优化自己的短视频营销策略，将是实现成功的关键。

第四章
个人IP打造——短视频形象定位

随着短视频行业的飞速发展，个人IP的打造已经成为短视频创作者的一项关键任务。个人IP是指个人形象或个人品牌，它反映了一个人的特色和魅力。短视频创作者可以通过打造个人IP，提升自己在短视频平台的知名度，获得更大的影响力，从而获取更好的传播效果。

第一节　个人IP定位步骤

个人IP的打造并非一日之功，而是需要一系列步骤，还要经过长期坚持和努力。在这个过程中，创作者需要明确自己的目标受众，找准自己的特色和优势，塑造独特的个人品牌故事，并不断优化个人IP。只有这样，才能在短视频行业中脱颖而出，获得更大的成功。

无论是短视频创作者还是短视频营销从业者，都应该了解并掌握个人IP打造的相关知识和技巧，深入剖析个人IP定位的各个环节和步骤（图4-1），才能在理论和实践之间找到最佳的平衡。

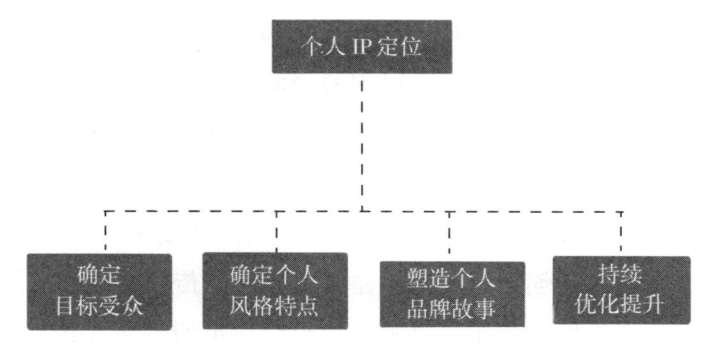

图4-1　个人IP定位步骤

一、确定目标受众

个人IP在短视频营销中的打造过程复杂且需要策略。确定目标受众、明确自身定位、创作出符合受众口味的内容，这些都是塑造个人IP的关键步骤。个人IP的打造是一个持续的过程，在进行短视频营销时，需要不断进行创新、调整和优化。只有这样，才能在激烈的竞争中脱颖而出，赢得更多的关注和影响力。

打造个人IP，首先需要确定目标受众是谁，视频能吸引到哪些人，他们的年龄、性别、兴趣爱好是什么。了解目标受众，可以帮助创作者确定视频内容和风格。假如目标受众是年轻人，视频内容就需要更加活泼、潮流；如果目标受众是专业人士，则需要提供更深入的内容和观点。

短视频营销中，个人IP打造成功的实际案例很多，这些个人IP打造成功的案例都展示了一个共同的特点：运营者都非常清楚自己的目标受众是谁，都知道应该如何去满足目标群体的需求和兴趣。

二、确定个人风格和特点

创作者要找出自己的特点和优势，打造独特的个人风格。所谓"特色"，可能是创作者的幽默感、专业知识或者生活方式。创作者可以通过展示自己的特色和优势，来吸引自己的观众。

例如，某喜剧演员在电视节目中的精彩表现吸引了大量的喜剧爱好者。他对自己的个人风格和特点有着明确的认知，对目标受众的定位非常精准，他的短视频主要以搞笑和幽默为主，十分符合他的粉丝群体的口味，这使得他在短视频平台上获得了很高的关注度和影响力。

再如，某短视频创作者准确抓住了人们对于传统文化和田园生活的向往的心理，在视频中展示自己独立、自给自足的生活方式，结合古老的制作技艺，成功吸引了大量的观众。这些视频不仅吸引了中国观众，还吸引了大量海外观众，她的YouTube频道的订阅者超过了1000万。她通过分享自己在乡村的生活，让观众感受到乡村生活的美好，这种美好的乡村生活就成了她个人IP的一部分。

三、塑造个人品牌故事

每个人都有自己独特的经历和故事,这些经历和故事就是创作者个人品牌的一部分。通过分享自己的经历和体验,创作者可以与自己的观众建立深厚的联系。这些故事可以是讲述创作者如何开始短视频创作之路的,也可以是表现创作者生活的,只要这些故事和经历能引起人们的共鸣,就可以成为创作者个人品牌的一部分。

例如,某深受年轻人喜爱的时尚穿搭博主,通过分享自己的穿搭心得和生活点滴,展示了自己的时尚观点和生活方式,讲述了一个个独特的个人品牌故事,成功打造出自己的个人IP。她在时尚领域成绩斐然,凭借有趣的灵魂和高质量的内容产出,在B站拥有超高人气,多次登上首页推荐位,成为B站知名时尚UP主(上传者)。之后她与专注红人IP打造的娱乐公司合作,在微博上升级为百万粉丝的时尚博主。随着流量暴涨、迅速吸粉,真实、幽默的视频风格和个人品牌获得了越来越多的曝光率。

她凭借个人品牌的影响力,与美容仪品牌商合作,为品牌商带来数十万元收益,使其一跃升级为同类产品爆款。在与海量品牌客户资源的合作中,她以独特的个人魅力实现了实现个人品牌和客户品牌的双赢。

四、持续优化和提升个人IP

持续优化和提升个人IP对于个人品牌而言至关重要,不仅要清晰地理解目标受众需求,还需要根据反馈和数据分析来调整策略。例如,"途家网"的IP优化过程很值得借鉴。

"途家网"是中国领先的短租和民宿预订平台,主要提供短租房源预订服务。途家网的创始人罗军在短视频平台上经营着自己的个人IP,以真实、专业的旅行和居住建议,获得了大量的关注者。他精心策划和制作的短视频内容,通常是以真实用户的体验故事为基础,结合独特的视角和深入的数据分析，向观众展示了途家网的服务优势和用户体验。

途家网团队经常会根据用户反馈和数据分析来优化、提升罗军在短视频平台上的个人IP。他们不断地改进内容，尝试新的视频格式和营销策略，以保持与目标受众的紧密联系、最大化短视频营销效果。通过这样的持续优化和提升，罗军成功地将自己的个人IP转化为途家网的商业价值，推动了途家网的发展。

通过以上这个案例，可以看出，持续优化和提升个人IP是成功短视频营销的关键。这就需要在制定和执行短视频营销策略时，始终保持敏感和灵活，根据目标受众的需求和兴趣，以及反馈和数据分析的结果，来调整和优化我们的内容和策略。

第二节　昵称、Logo、头像设计技巧

昵称、Logo以及头像都是构成个人品牌形象的重要元素，在打造个人IP以及建立品牌认知中起着重要的作用。在短视频营销中，昵称、Logo和头像是观众首先接触到的元素，是创作者在短视频平台上的"门面"，对于吸引观众关注、塑造品牌形象都具有重要的影响。

一、昵称的选择与创意

昵称是网络空间中个人或者品牌的第一重身份标识，而在短视频营销中，一个合适、有创意的昵称对于打造个人或者品牌形象、建立一定的知名度有着至关重要的作用。它既可以反映创作者或者品牌的个人风格和特点，也可以帮助观众迅速记忆并在众多内容中快速寻找到创作者。一个好的昵称可以引发观众的好奇心，激发他们的点击欲望，从而促使他们进一步关注和探索其背后的内容。

在短视频营销中，创作者或者品牌的昵称通常采取与内容主题相符，

或者有某种特定含义的名称。比如，一位以制作和分享与各种玩具相关内容的创作者，选择了"玩具大叔"作为其昵称。这个昵称既直接反映了创作者的主要内容，也非常容易被记住，使得观众在看到昵称的第一时间就能够猜测出这一账号的主要内容。同时，这样的昵称也引发了观众的好奇心，让他们有进一步了解和探索的欲望。

电商平台也能通过昵称来展示其品牌形象和营销内容。例如，销售休闲零食的电商平台"百草味"，其昵称就直接反映了其经营商品种类丰富、品质上乘的特点，为消费者带来丰富的选择。这一昵称既能吸引消费者的注意，又能立即传达出品牌的核心价值，有效提高品牌在消费者心中的认知度。

另一例子是生鲜电商平台"美菜网"，其昵称直接以公司名字命名，简洁明了，一看便知其销售美味新鲜的蔬菜和水果，这对于消费者的认知和记忆非常有帮助。

无论是个人创作者还是品牌商家，在选择昵称时，都需要结合自身的定位和目标，进行深思熟虑。昵称需要具有独特性、易于记忆和拼写，并能激发观众的好奇心。只有这样，才能在短视频营销的过程中，在众多竞争者中脱颖而出，赢得更多的关注和喜爱。

二、Logo 的设计原则与技巧

Logo 是品牌的视觉象征，要能够即刻传达品牌信息并引发消费者的情感反应。因而，创作者的 Logo 应该简洁明了、容易识别，而且要和创作者的个人品牌相关，能准确表达品牌内涵。Logo 是为品牌服务的，一定要能够准确传达品牌信息，让消费者看到 Logo 就能想到品牌及其产品。

Logo 作为企业一直使用的标志，要能够顺应时代的发展变化，不能随意更改，要能长期发挥作用，所以 Logo 设计的适用性要强，而且要有美感、有感染力，不管是使用字母还是图像，都要是象征性元素，能从视觉上给人带来审美享受，如图4-2所示，这样才能确保设计出美观又实用的Logo。

图4-2　Logo设计原则

在各种品牌层出不穷的市场经济时代，各种消费行为都可能瞬间完成，消费者不会花费大量时间去刻意记忆品牌Logo，因而Logo的设计一定要讲究策略和技巧，避免雷同情况出现，那些新颖有特色的Logo才会让人过目不忘，更具有吸引力。

作为拼团购物的第三方社交电商平台，拼多多的Logo设计（见图4-3）就很有记忆点，Logo设计使用了让人一眼就能认出的特殊红色，颜色明快、图案简单。它使人一眼就能认出。此外，其图案设计有趣，让人联想到乐趣和团购的概念，与其品牌理念很相符。

图4-3　拼多多Logo

自营式电商企业京东的Logo也非常有特色，设计以白色的"京东"字样配以红色的方框，十分简洁清晰地传达了品牌信息，如图4-4所示。此外，这一Logo还蕴含了"以用户为本，提供优质服务"的理念。

图 4-4　京东 Logo

三、头像设计的重要性与策略

头像设计是短视频营销至关重要的一部分，用户首次接触和了解一个品牌或个人的重要途径就是头像。一个出彩的头像设计，能够提升品牌的认知度，帮助建立品牌形象，并且能够吸引更多的用户。

创作者的头像也是创作者个人品牌的一部分，需要和创作者的昵称、Logo 相协调。头像和昵称一样，都能直接表达创作者的账号属性，不同的是，昵称是用文字直接描述创作者想要表达的东西，头像则是更加直观、具象地将创作者要表达的东西传达出来。

头像可以选择能反映创作者个人风格和品牌特色的图片，如果品牌是针对年轻活泼的受众群体，头像就可以选择相应的图片；创作者的内容如果很专业很严肃，则可以选择展示创作者专业形象的图片作为头像。

使用品牌标志是最直接和最常见的头像设计方法。假如创作者的品牌是一个咖啡店，就可以使用咖啡店的标志作为创作者头像。这种方法简单明了，可以让人们立即识别出创作者的品牌。

在某些情况下，使用品牌的名称或者口号作为头像也是一个很好的选择。如果品牌是一个创业公司，创作者可以使用公司的名称作为头像，以帮助人们记住创作者的品牌。

例如，国内知名家电品牌海尔，在短视频平台的账号头像选择的是其经典的蓝白相间的海尔 Logo，见图 4-5。

图 4-5　海尔 Logo

海尔的这个 Logo 设计简洁明了，即使在头像尺寸小的情况下，也能清晰地显示出品牌的标志，让用户一眼识别出来。这样的设计有效提升了品牌的认知度，使得用户能够在海量的短视频内容中迅速找到海尔的账号，从而提升了视频的观看率和分享率。

形状和图形也可以用来传达品牌的个性和风格。如果品牌与科技相关，创作者就可以使用简洁的线条和几何形状来传达品牌的现代感和科技感。

颜色也可以用来引起人们的注意，并传达品牌的情感和价值。如果创作者的品牌是关于环保方面的，就可以使用绿色作为头像的主色调，以此来传达创作者品牌对环保的承诺。

例如，涵盖娱乐、生活、教育等多个领域的快手平台，选用的头像设计是其经典 Logo，背景色是饱和度很高的朱红色。其 Logo 由上下两部分图片组成，上部的"无限"符号代表多元世界无限连接，下部是一个由三角和长方形组成的摄像机，象征着视频承载呈现出的世界无限美好，如图 4-6 所示。

图 4-6　快手 Logo

这个设计既简洁明了，又具有辨识度，传递了快手希望帮助每一个普通人快速抓住生活中的精彩瞬间的理念。这样的设计不仅在视觉上给人留下深刻的印象，也使得品牌的理念得到了有效的传播。

人物或动物可以引起人们的情感反应，使创作者的品牌更加引人入胜。如果品牌与儿童或年轻人相关，创作者就可以使用一个可爱的动物作为头像，以吸引目标受众。

在短视频平台上，以二次元文化为主导的虎牙直播的头像设计选择了卡通形象的老虎头，如图 4-7 所示。这个头像设计既符合品牌的名称，又符合其二次元的文化属性，可以说是极具品牌特色。

图 4-7　虎牙直播头像

虎牙直播这个头像的色彩鲜明、形象可爱，非常容易吸引年轻用户的注意力，也进一步加强了品牌与用户的情感连接。

在设计头像时，还要考虑头像的大小和清晰度。头像通常会在很小的尺寸下显示，因此要确保在小尺寸下头像仍能清晰可见。

以上这些成功的案例无一不在昵称、Logo 和头像设计上下足了功夫，从而成功地塑造了自己的品牌形象，吸引了大量的用户，并在短视频营销中取得了巨大的成功。

第三节　标题设计和封面设计技巧

在信息爆炸的网络环境中，标题和封面设计是短视频营销不可或缺的一环，好的标题和封面设计，就像是短视频的"门面"和"橱窗"，可以直接反映短视频的内容和风格，也能瞬间吸引眼球，引导观众点击并观看视频内容。醒目、简洁、具有吸引力的标题和封面，能大大提升视频的曝光率和点击率，推动内容的传播，扩大影响力。

一、标题设计的原则与技巧

标题是传达短视频内容主题的关键信息，应该简洁明了、言简意赅，能够准确地反映短视频的内容，同时要易于理解、方便记忆，能够激发观众的好奇心。

标题一般多用两段或三段式，一个好的标题，应该能够吸引人们的注意力，既能描述视频的内容，也能制造悬念、引人入胜，能够激发人们的好奇心。标题中也可以包含一些关键词，以便人们搜索并找到创作者的视频。

短视频账号"懂你的健康厨房"则是专注于健康食品烹饪方面的内容。创作者对标题的设计充满了策略、饱含智慧。如"三分钟教你制作糖分低的美味甜点""独家秘方：营养丰富的早餐 smoothie"等标题，明确地告诉了观众视频的内容，同时提供了一种预期收益，即教观看者做出一份营养丰富且美味的食品。这种明确性和预期的收益，使得标题具有很高的吸引力。

另外还有一些娱乐节目对标题的设计也颇有心思。比如，篮球挑战视频中邀请了一位很有名气的艺人，他的篮球技巧视频引发了大量关注，营销时就可以将艺人名字嵌入，采用"×××一对一篮球挑战，你敢接吗"这类标题，不仅能激起观众的好奇心，也可以利用艺人的知名度提高视频的点击率。可见，在营销过程中，视频的标题功不可没。

优酷推出的音乐类节目在短视频的标题设计上也极具巧思，如"《野狼 disco》翻唱版，比原唱还好听？"这样的标题就简单明了，不仅告诉了观众视频的主要内容，还通过"比原唱还好听？"这样的疑问句形式引发观众的好奇心，促使观众点击视频，起到了很好的营销作用。

小米手机在推广其产品时,采用的是极富针对性的标题设计。"小米10超级夜景模式,你没看错,这就是手机拍的!"这样的标题设计,将产品功能和观众利益直接联系起来,引发观众对产品的兴趣,达到了预期效果。

二、封面设计的重要性与方法

在短视频营销中,封面设计的重要性不容忽视。一个吸引人的封面可以引导用户点击并观看视频,这对于短视频平台如抖音、快手、淘宝直播等的用户留存和互动性至关重要。

封面是视频给外界的第一印象,需要有足够的吸引力,才能引导用户点击。在引人注意的同时,封面设计需要与视频内容密切相关,避免对用户造成误导。创作者一般都会选择截取短视频中的精彩瞬间,将其作为视频封面,为了增加封面的吸引力,还可以在封面上添加文字或图像。

在抖音平台上,有一种成功的封面设计方法是通过提炼视频的核心内容,选择最具代表性或最精彩的一帧作为封面。比如,一些美食类的短视频,会选择制作完成的美食图片作为封面,引发用户的食欲;一些教程类的短视频,则会选择完成后的作品或者过程中的关键步骤作为封面,让用户一眼就能看出视频的主题和价值。

当然,封面设计的策略并非一成不变。如在淘宝直播平台中,封面的设计通常是以商品和主播为主要元素,同时采用醒目的颜色和具有引导意义的文字,直接展示直播的内容和价值。这种封面设计直接明了,帮助用户迅速理解直播的主题,有效提升了点击率。

与淘宝直播类似,京东在推广电子产品时,封面设计也通常聚焦于产品及其特色功能。比如,在对某款笔记本电脑的推广中,封面选择了这款电脑的高清产品图,并在旁边加入"轻薄便携、长续航"的文字描述,直观展示了产品的主要卖点。

在快手平台上，短视频的封面设计也具有重要的营销价值。比如，一些音乐和舞蹈类的视频，会选择表演者在舞台上表演的一瞬间作为封面，展现表演者的专业和魅力。一些户外运动类的视频，会选择极限运动的精彩瞬间作为封面，传递出运动的激情和挑战。

"喜马拉雅FM"在推广其音频课程时，封面设计就采用了引人注目的颜色和简洁的图形。针对"如何在5分钟内快速入睡？"这一课程，创作者选择了深夜的蓝色背景作为封面，画面中还有一个正在入睡的卡通形象，非常简洁明了且直观地凸显了课程主题，同时也能激发起用户的好奇心。

标题设计和封面设计在短视频营销中的引导作用不容忽视，创作者在打造个人IP、进行短视频形象定位时，对这两个环节要用心设计、尽量优化，以期有效提升短视频的吸引力和传播力，达到更好的营销效果。同时，平台也需要提供足够的工具和支持，帮助创作者更好地完成标题和封面设计，助其在短视频营销的大战中取得胜利。

第五章
短视频技术解读

在当今数字营销领域，短视频已经成为一支不可忽视的力量。精细化的内容结构、丰富多变的表现形式和强大的互动性，使得短视频有了强大的吸引力和影响力，各大短视频平台的内部机制又对短视频的传播和推广产生着深远影响。本章将深入探讨短视频的内在逻辑、平台推荐机制、账号权重等关键问题，探究其原理和策略，理解并掌握这些内在逻辑和技术特性，就可以更好地利用平台资源，对短视频进行有效营销推广。

第一节　短视频内在逻辑分析

在解读短视频的技术时，首先要理解其内在逻辑。其中涉及短视频的内容结构、表现形式以及互动设计。这些因素不仅影响了短视频的质量和观看体验，也对短视频的传播效果产生了重要影响。

一、短视频的内容结构

内容结构是短视频的核心和基础。一个优秀的短视频，应该有一个清晰、紧凑的内容结构，包括开头、发展、高潮和结尾，这样才能够更好地引导观众理解和接收信息，从而达到更好的营销效果。

如何设计内容结构，是短视频制作者需要面对的挑战。以一个做菜的短视频为例，开头部分会介绍要做什么菜，发展部分是展示具体的做菜步骤，高潮部分要展示出成品的样子，结尾则是对整个过程的总结或感想。这样设计的短视频，内容结构非常清晰、完整且紧凑，观众也会非常易于接受和理解。

这种结构也适用于其他短视频内容。比如，在一则关于健康饮食的短视频中，创作者以健康饮食的重要性作为切入点，紧接着便开始介绍健康食品，并展示如何制作健康的饮食菜单，这部分是整个视频的高潮部分，最后则通过总结健康饮食的好处作为结尾。这样的内容结构，使得视频内容逻辑清晰、容易理解，也能引发观众对健康饮食的关注。

在一个关于环保的短视频中，创作者通过一组惊人的数据，揭示了环境问题的严重性和保护环境的迫切性，又通过展示生活中简单可行的环保行为，构成视频的主体内容，最后在结尾部分呼吁大家行动起来，保护环境。这样的视频内容结构、逻辑清晰，具有很强的震撼力和说服力。

在一则对科技产品进行推广的短视频中，创作者开篇就设置了生动的场景、翔实的数据，揭示了科技产品的便利性，随后又详细介绍了产品的特色和用法，最后在结尾部分则是用户的实际反馈，进一步证明了产品的价值。这样的内容结构具有很强的说服力和吸引力，能够有效推广产品。

二、短视频的表现形式

短视频的表现形式决定了其视觉效果和感染力。创作者可以创造出丰富多样的表现效果，吸引观众的注意力，提高视频的观看率。

短视频的表现形式是多样的，可以通过视觉元素、音频元素、动画等手段来实现。一些创作者会利用动态滤镜和音效，达到增强视频视觉和听觉的效果；一些创作者则会通过创新的拍摄手法和剪辑技巧，来展示他们的创造力。只要学会有效地运用组合这些手段，就可以增强短视频的效果，增加视频吸引力。表现形式各异的短视频营销案例，充分展示了短视频的多样性和创新性。

例如，某知名的美食短视频制作者，擅长通过细致入微的拍摄手法呈现食物制作的每一个细节。在创作者展示的视频中，观众可以清楚地看到食材的颜色、质地，甚至可以感受到食物在被烹饪过程中的变化。此外，创作者还会在视频中加入一些日常生活的元素，如小孩的笑声、鸟儿的叫声，使得整个视频充满了生活气息。这种表现形式对观众有较强的吸引力，让观众有一种身临其境、亲自参与烹饪过程的感觉。

知名化妆品品牌"完美日记"非常善于运用短视频营销，品牌方利用色彩、光影以及模特的动作，来充分展示品牌产品的各种优点。品牌方的每一个营销短视频都会有一个主题色彩，而这个色彩往往就是该品牌新推出的产品色彩。品牌方会用灯光来强调这个颜色，使得整个画面更加鲜艳、立体。品牌方还会让模特在视频中做一些诸如涂口红、眨眼睛之类的小动作，以此来吸引观众的注意力。如图5-1所示。这种独特的表现形式，使得完美日记的产品在短视频中显得更加鲜活、更具吸引力。

图5-1 完美日记08小狗盘广告

知名手机品牌"OPPO"在进行短视频营销时，非常善于运用动画和特效来展示其品牌手机的功能。如在介绍手机防水功能时，品牌方就设计了一个动作特效情节，一个卡通角色跳入水中，展示出手机在水中依然可以正常工作的画面。而在介绍手机摄像头功能的短视频中，品牌方则设计了卡通角色用手机拍摄出超级清晰、逼真图片的情节。这种表现形式既让人感到新奇，又能清楚地展示品牌产品的优点，短视频营销获得了很好的效果。

在对旅游景点进行推广的短视频中，创作者通过美景的图片、激动人心的背景音乐和动态的文字效果，为观众创造出一种如同身临其境的氛围感，牢牢地吸引了观众的注意力，提高了视频的点击率。其他诸如运动健身和教育课程的短视频中，也常常会采用类似的表现形式，运用相应的画面图示，选用目前热度较高的配乐作为背景音乐，再加上动态的文字效果，使视频不会枯燥乏味，有效吸引观众的注意力，提升视频的观看率。

三、短视频的互动设计

短视频的互动设计是提高观众参与度、增强短视频传播效果的重要手段，是短视频的一个重要特点，也是短视频吸引力的重要源泉。对于短视频创作者来说，合理运用互动设计，设置评论、点赞、分享等功能，可以使他们的作品在短视频营销中提高观众的参与度，提高短视频的传播效果，取得更大的成功。

短视频创作者会在视频中加入很多互动元素，比较常见的有问答、投票、挑战等，创作者通过这些形式，来鼓励观众参与到视频的创作和分享过程中。

比如，在推广某部电影的短视频中，创作者在视频最后设置了有奖问答环节，邀请观众猜测电影的结局，猜对正确答案的观众可以获得电影票。这样的互动设计，有效提高了观众的参与热情，也提升了视频的点击分享数量。

在与生活技巧相关的短视频中，创作者就可以在视频的最后部分设置一个挑战环节，邀请观众亲自动手尝试视频中提到的技巧，并将尝试结果分享到社交媒体。这样的互动设计，可以有效提高观众的参与度，增强视频的传播效果。

在最常见的新闻报道短视频中，创作者可以在视频的最后部分设置评论互动环节，邀请观众积极分享自己的观点和想法。这样的互动设计可以有效提高观众的参与度和视频的传播效果。

短视频的互动设计，根本目的就是提升互动率，因为互动率直接反映了网友对这则短视频的关注度。

互动设计其实可以体现在许多地方，除了上述几种互动方式，还可以在短视频的标题里进行预热和提问，或者在评论区通过质疑、调侃或者犀利提问等方式，引导网友发表自己的观点，实现与其他网友的互动交流。这些方式都是有效的互动设计，可以达到增强观众参与度、提高视频传播的效果。

例如，阿里巴巴集团作为中国电商领军企业，在每年的"双十一"购物节上都会进行大规模的营销活动。比如，在每年的"双十一"期间，阿里巴巴集团在短视频平台如抖音上都会发布一系列短视频，这些短视频中融入了大量的互动设计元素，见图5-2。

图5-2　阿里巴巴集团的"双十一"活动

一些短视频在最后会设置有奖问答环节，观众只需要在评论区回答问题，就有机会获得"双十一"购物节期间的优惠券。这种互动设计大大提升了观众的参与度，也进一步提升了视频的传播效果。

除此之外，阿里巴巴集团还在短视频中设置了分享功能，鼓励观众将视频分享到各大社交媒体，每分享一次，观众就能获得一次抽奖机会，参与抽奖就会有机会赢取大奖，极大地调动了观众参与的积极性。

第二节 短视频各平台推荐机制分析

在短视频行业，各平台的推荐机制构成了一个复杂的生态系统，影响着视频的传播。推荐机制主要依靠算法来推荐给用户可能感兴趣的内容，因而，短视频平台的推荐算法是决定短视频内容能否被更多人看到的关键。无论是内容创作者还是营销人员，都应该了解各平台的推荐机制的原理和策略，这对更好地利用平台资源制定有效的传播策略、增加视频的观看量与分享量有着重要的意义。

一、平台算法原理

短视频平台的推荐算法，通常是通过分析用户的行为数据、视频的内容属性和社交网络等多个因素，为用户推送他们可能感兴趣的内容。一些短视频平台的推荐算法就是根据用户的观看历史、搜索记录、点赞评论行为等数据，来推测用户的兴趣偏好，并向用户推荐相关内容。

在短视频营销领域，平台的推荐算法起着至关重要的作用。创作者和品牌方通过理解和利用这些推荐算法，有针对性地创作营销短视频，平台根据算法给潜在用户推荐他们可能感兴趣的内容，从而有效提高短视频的观看量和分享率，实现更好的营销效果。

滴滴出行的短视频营销就是利用了平台的推荐算法。作为中国领先的出行服务平台，滴滴出行在抖音平台上进行了一次成功的短视频营销活动。在这次活动中，滴滴出行发布了一系列有关城市出行的短视频，这些视频主要介绍了滴滴出行的服务内容，包括各种出行方式、服务优势等。根据用户的观看历史和互动行为，抖音平台将这些视频推送给了大量的用户，尤其是对出行服务有需求的用户。这些用户之前可能搜索过出行、打车等关键词，也可能点赞或评论过相关内容，根据推荐算法，这些用户更有可能看到这些视频。

这次基于推荐算法进行的营销,使得滴滴出行的短视频在抖音平台上获得了大量点击和互动,提高了滴滴出行的品牌知名度。

抖音平台上一个名为"炒菜小窍门"的账号发布了一系列教人炒菜的视频。抖音的推荐算法主要考虑用户的观看历史、互动行为等因素,该系列视频被推送给大量对烹饪感兴趣的用户,这一系列视频因而得到了较高的观看量。

"泡面小镇"的短视频营销也是基于平台的推荐机制进行的。"泡面小镇"是"快手"平台上进行短视频营销的一个品牌,品牌方的短视频主要记录泡面的制作过程以及各种泡面的美食分享,根据快手平台的推荐算法,喜欢美食类视频的用户更有可能看到泡面小镇的视频;同时考虑到视频的内容属性和用户的社交网络,社交网络中如果有大量的美食爱好者,他们也有可能会看到泡面小镇的视频。快手平台推荐机制有针对性地向这些潜在客户进行了推荐,这些内容深受用户喜爱,这使得泡面小镇的短视频在快手平台上获得了大量的观看量和分享量,提高了泡面小镇的品牌知名度。

同样是在快手平台上,一个记录农村生活的账号发布了一系列展示农村美景和农村生活方式的视频。快手平台的推荐算法主要考虑视频的内容属性和用户的社交网络等因素,这一账号视频便被推送给喜欢农村生活主题短视频的大量用户,创作者同样获得了较高的观看量。

"百草味"是微视平台上一个零食品牌,品牌方的营销短视频主要展示了百草味的产品特色和食用场景,这些内容吸引了大量用户。微视的推荐算法主要依据用户的关注列表和分享行为进行推荐,那些关注了"百草味"或者分享过"百草味"视频的用户,就更有可能看到百草味的新视频。这种有针对性的推荐机制,使得百草味的短视频在微视平台上获得了大量的点击和分享,提高了百草味的品牌知名度。

微视平台推荐算法则是考虑用户的关注列表、分享行为等因素,因而在微视平台发布家居装修内容的账号，会被推送给大量对家居装修有需求的用户，从而得到较高的观看量。

二、个性化推荐策略

短视频平台通常会采用个性化推荐策略，来满足不同用户的需求。不少短视频平台会根据用户的年龄、性别、地理位置等信息，结合用户在平台上的行为数据，来定制个性化的推荐列表。个性化推荐策略正成为各大平台竞相追求的目标，短视频平台利用先进的推荐算法、精准分析用户行为，为用户提供切合其兴趣和喜好的内容，以此来满足不同用户的需求。

抖音平台有一种名为"For You"的个性化推荐功能，会根据用户的观看历史和互动行为，推荐符合其兴趣的内容；快手平台有一项名为"发现"的功能，可以根据用户的社交网络和互动行为，推荐符合其兴趣的内容；微视平台的"推荐"功能与其他平台功能类似，可以根据用户的关注列表和分享行为，推荐符合其兴趣的内容。各平台的这种个性化推荐策略，不仅提高了用户的满意度，也帮助内容创作者获得了更多的观看量。

我国知名手机制造商小米在短视频营销时就采用了个性化推荐策略。小米手机在抖音平台上进行短视频营销活动时，发布了一系列展示其品牌手机功能和优势的短视频。这些视频以生动有趣的方式，展示了小米手机的高清摄像、长久续航和强大性能等特点。为了使这些视频能够精准推送给目标用户，抖音平台的"For You"个性化推荐功能起到了关键作用。根据用户的观看历史和互动行为，抖音算法将这些视频推送给了对科技产品、手机等内容感兴趣的用户。这种个性化推荐策略，使得小米手机的视频在抖音平台上获得了大量的观看量和分享量，提升了小米手机的品牌知名度。

百雀羚的短视频营销也采用了这种营销策略。百雀羚是我国知名的护肤品品牌，在快手平台上进行短视频营销活动时，百雀羚品牌方发布了一系列展示护肤产品使用效果的短视频。这些视频以实际效果和用户评价为主，凸显了百雀羚产品的质量。快手平台的"发现"个性化推荐功能，根据用户的社交网络和互动行为，将这些视频推送给了对美容护肤感兴趣的用户，尤其是那些在社交网络中经常分享和讨论美容护肤话题的用户。这种个性化推荐策略使得百雀羚的视频在快手平台上获得了大量的观看量和分享量，提升了百雀羚的品牌知名度。

快餐品牌肯德基在微视平台上进行短视频营销活动时，发布了一系列展示其快餐制作过程的短视频。这些视频以鲜活的视觉效果，展现了肯德基的美味食物和优质服务。根据用户的关注列表和分享行为，微视平台的"推荐"个性化推荐功能将这些视频推送给了对美食和快餐感兴趣的用户，尤其是那些曾经关注过肯德基或者分享过肯德基视频的用户，肯德基的新视频将会优先推送。这种个性化推荐策略使得肯德基的视频在微视平台上获得了大量的观看和分享，使肯德基的品牌知名度得到进一步提升。

这些案例都展示了短视频平台的个性化推荐策略，创作者和品牌可以通过理解和利用这些推荐策略，有效提高短视频的关注度和分享率，从而实现更好的营销效果。

三、平台差异化与竞争优势

如今的短视频平台已经形成了丰富多样的生态系统，每个平台都有各自的特色和优势，在推荐机制上也会采用不同的策略，不同的推荐机制也提供了各自独特的用户体验。有的平台会重点推荐教育内容，另一平台则可能更倾向于推荐娱乐内容。不同平台在推荐机制上采用不同的策略，目的却都是吸引和保留用户。

抖音平台的特色之一便是音乐元素，用户可以任意选择音乐作为视频的背景音乐。在推荐机制上，抖音也注重音乐元素，以流行音乐作为背景音乐的短视频，会被优先推荐给喜欢这类音乐的用户。

快手平台一直强调真实性，并将其作为平台特色，用户发布的也大多是真实生活的视频。在推荐机制上，快手注重社区元素，来自同一地区或有相似生活经历的用户可能会看到彼此的视频。

微视平台与微信紧密连接，用户在微信中可以方便地观看和分享微视视频。微视的推荐机制更注重社交元素，用户的微信好友可能会看到其分享的视频。

爱奇艺短视频营销就体现出了平台竞争优势。爱奇艺是中国的一家知名在线视频平台，爱奇艺的短视频部分重点关注娱乐和电影内容。为了推广自家平台制作的原创网络剧，爱奇艺在抖音平台上进行了一系列短视频营销活动，营销短视频主要是关于该网络剧的幕后花絮、主演访谈、精彩片段等内容。在这类营销活动中，抖音平台充分发挥了其音乐元素等特色优势。爱奇艺选择了与网络剧主题相符合的流行音乐作为背景音乐，为短视频增添了艺术感，提升了观看乐趣。抖音的推荐机制也将这些视频推送给了喜欢这类音乐、电视剧或电影的用户，吸引了大量用户的关注和分享。

美团在快手平台上的短视频营销也体现了平台的竞争优势。作为我国大型的生活服务平台，美团发布了一系列展示不同城市美食和风景的短视频，展示了各地美食的制作过程和味道以及各地的独特风景和文化，美团将这些短视频投放到快手平台进行营销活动。在这类营销活动中，快手平台的真实性特色得到了充分体现。美团营销短视频展示的都是真实的食物制作过程，为用户带来了真实的视觉体验。快手的推荐机制将这些视频推送给了关注美食和旅行的用户，提高了美团的品牌知名度。

宝洁是一家国际知名的日化产品公司，品牌方在微视平台上发布了一系列展示其护肤品和洗发水等产品使用效果的短视频，进行短视频营销，以此来宣传其品牌产品的优势。这类营销活动中，微视平台与微信紧密连接的特点得到了充分利用。宝洁的营销短视频可以很方便地在微信中观看和分享，这一优势使得更多用户可以看到这些视频。微视的推荐机制也将这些视频推送给了关注护肤和洗发产品的用户，宝洁的品牌影响力得到了进一步推广和提升。

在进行短视频营销时，要充分了解不同短视频平台的差异化和竞争优势，利用短视频平台的特性和推荐机制，帮助品牌方和创作者更好地利用平台的资源，达到更好的营销效果。

第三节 账号权重与账号推荐

在社交媒体的生态系统中，账号权重是决定短视频在平台上展示和推荐程度的重要因素。在短视频营销领域，理解和提高账号权重至关重要，提高账号权重可以增加短视频的曝光率，让创作者的内容被更多用户看到，从而提高观看量和分享率。

一、账号权重的构成

短视频营销效果在很大程度上取决于账号权重的构成。在短视频平台上，账号权重通常由多个因素构成，包括账号的活跃度、内容质量、用户互动度等。如果一个账号经常发布高质量内容，且实现了大量用户互动，其权重通常就会比较高。

通常来说，活跃度越高，权重也会越高。比如，一家专注运动鞋产品的电商品牌，经常在抖音平台上发布新产品试穿和用户评测视频，发布频率是平均每周3个视频。随着活跃度的提升，视频的曝光率也会增加，销售也会有显著提升。

内容质量同样会影响账号的权重。比如，在快手平台上，一位热衷于分享健康食谱的博主经常分享视频，他的视频内容都经过精心制作，画面清晰、解说清楚，给用户带来了高质量的观看体验，那么他的账号权重就会得到提升，观看量和点赞数都会有明显增长。

　　用户间的互动也会影响账号的权重。比如，一些公众人物在微视平台上发布短视频内容，因为经常与观众互动、回复评论、进行直播互动等，观众对其视频内容反响热烈，这些公众人物的账号权重就会因此得到提高。

　　在短视频营销中，账号权重的构成非常关键，关乎内容能否被更多人看见，进而影响到品牌或产品的推广效果。

　　我国知名服装品牌美邦服饰在抖音平台上进行短视频营销。美邦服饰官方账号发布了大量关于产品展示和穿搭建议的短视频，并保持着平均每周发布 2~3 个视频的发布频率。品牌方的视频内容制作精良，模特的穿搭展示让消费者可以直观感受产品的质量和款式，同时还提供专业的穿搭建议。此外，美邦服饰还非常重视与粉丝的互动，经常在评论区回复粉丝的提问和建议。这种高质量的创作内容、高频率的更新、积极的互动，使得美邦服饰的账号权重在抖音平台上逐渐提升，推广效果明显。

　　奇趣果园是一家以销售新鲜水果为主的电商品牌，在微视平台上，品牌方账号主要分享各种水果的挑选和食用方法。奇趣果园用轻松的方式传授实用的知识，视频内容生动有趣，还经常邀请用户参与互动，如品牌方会发起猜谜游戏，用户通过猜测视频中的水果名称来获得奖品。这种颇有趣味的视频内容和互动游戏，使得奇趣果园在微视平台上的账号权重提升，品牌的知名度也得到了有效提升。

　　从以上案例可以看出，灵活把握影响账号权重的因素，可以有效提升短视频的营销效果。

二、提高账号权重的策略

　　在短视频营销中，提高账号权重是非常重要的，因为账号权重的高低直接影响着内容能否被更多人看到，从而影响到品牌或产品的推广效果。提高账号权重的策略主要包括提升内容质量、增加活跃度和提高用户互动度。创作者可以通过定期发布高质量的短视频、积极回应用户的评论和消息、创建有趣的互动环节等方法，来提高账号权重。

例如，作为国内知名的餐饮品牌，周黑鸭以其特色鸭脖等零食产品而广受消费者喜爱。品牌方在抖音平台上官方账号中，经常发布各种关于鸭脖制作、鸭脖试吃以及品牌故事的短视频。这些短视频画面精美、内容有趣，既展示了品牌的产品，又传达了品牌的文化。这种高质量的内容，使得周黑鸭的账号权重在抖音上不断提升，品牌的影响力也随之增大。

再如，在抖音平台上，一家旅行公司决定通过提高内容质量来提高账号权重，于是便聘请了专业的摄影师和编辑，制作出一系列高质量的旅行指南视频。这些视频在抖音平台上收到了广泛的关注和赞赏，账号权重也因此得到了提升。

在快手平台上，有一家儿童玩具公司发布了一系列儿童玩具评测和试玩视频。这家公司活跃度非常高，每天都有内容更新，这种高频率的更新策略也有效地提高了账号权重。

一位健身教练在微视平台上分享健身教程，每个视频都会有粉丝在评论区积极互动。这种互动策略增强了这位健身教练与粉丝间的联系，也提高了其账号权重。

OPPO 在快手平台上的官方账号，每周都会发布多个关于产品介绍、技术解析以及用户评测的短视频。OPPO 不仅频繁地发布新的视频，而且每个视频都很用心地制作，使得观众能够从多角度了解到他们的产品。这种高频率的更新和高质量的内容，都使得 OPPO 在快手平台上的账号权重有了显著提升。

百草味在微视平台上的官方账号，非常重视与用户的互动，经常在视频中添加互动环节，如投票选择下一款新产品的口味，或者通过回答问题来赢取奖品。这种策略不仅使得他们的视频内容变得更加有趣，也增强了与用户的联系，使得百草味在微视平台上的账号权重得到了提升。

提高账号权重的策略需要根据平台特性和用户需求来制定，结合提升内容质量、增加活跃度和提高用户互动度这几方面的方法，才能有效地提升账号权重，进而增强短视频营销的效果。

三、有效利用账号推荐功能

利用账号推荐功能，可以将创作者的短视频推荐给更多的用户。创作者可以在创作的短视频中添加相关的话题标签，或者参与热门挑战活动，就可以有效提高短视频在平台上的曝光率。以下是利用这个功能提高视频曝光率的一些案例。

案例一：一家健康食品公司在抖音上发布了一系列新产品的介绍视频，通过在视频中设置关键词和使用热门话题，成功地将视频推荐给更多对健康食品感兴趣的用户。

案例二：在快手平台上，一位汽车维修技术专家通过使用相关标签和话题，成功地将自己的视频推荐给了需要汽车维修知识的用户。

案例三：一位分享宠物护理知识的博主，在微视平台上发布视频时，在视频中添加了流行的宠物相关标签，便成功将自己的视频推荐给了更多的宠物爱好者。

账号权重在短视频营销中的重要性无须赘言，不管是短视频内容创作者还是营销人员，都需要深入理解和优化账号权重，以便更好地推广自己的账号内容，提高短视频的观看量和分享率。

在做短视频运营时，创作者和营销人员也必须深入了解短视频平台的内在逻辑、推荐机制和账号权重，并能灵活运用这些知识，才能更好地制作和推广自己的短视频。

第六章
短视频高质量内容创作策略

第六章 短视频高质量内容创作策略

随着移动互联网的发展，短视频逐渐成为人们获取信息、娱乐以及社交的重要方式。短视频以其生动、直观、易消费的特性，也被越来越多的品牌和个人用户青睐。掌握短视频内容创作策略，无疑可以帮助创作者和运营者更好地把握这个新兴媒体形式的发展机遇。

第一节 用户画像的精准解析

在制作短视频之前，理解受众群体是至关重要的一步。用户画像的精准解析有助于定位目标受众，深入理解用户需求，从而制作出用户喜欢的短视频内容。这个过程不仅需要科学的方法，也需要基于具体的用户数据进行分析和判断。创作者只有深入了解自己的受众，才能创作出真正吸引人的内容。创作者建立用户画像，通过分析用户的行为、兴趣和需求，就可以用来指导自己的内容创作和营销策略。

一、用户画像的定义与作用

用户画像是一种描述和理解用户的工具，是一种虚拟的、理想化的用户模型，这个模型以数据和信息的形式对用户进行描述和归类，以帮助创作者更好地理解用户，从而提供更符合用户需求和兴趣的内容。一个完整的用户画像通常包括用户的基本信息、行为特征、需求等。

在可口可乐"Share a Coke"活动中，创作者精准地刻画出了用户画像，并以此为依据，向每一个特定的用户群体推出了定制的短视频。这一活动大获成功，为可口可乐带来了大量的用户关注和销售额。

耐克的"Just Do It"活动中，品牌方依据用户画像，选择了具有影响力的人物作为短视频的主角，通过展示主角的励志故事，激发用户的运动热情。这一活动帮助耐克赢得了用户的广泛好评，提高了用户忠诚度。

欧莱雅的"全民美容"活动也有异曲同工的效果。在活动中，欧莱雅品牌方深入理解了用户的美容需求，制作出一系列适合不同用户的美容教程短视频。这些视频不仅帮助用户解决了实际问题，也成功提升了欧莱雅的品牌形象和销售额。

二、用户画像的构建方法

用户画像的构建是短视频营销的基础，正确的画像构建，可以帮助品牌了解目标用户的特征、兴趣和需求，从而设计出更有针对性的营销策略。

构建用户画像需要收集和分析大量的用户数据，包括用户的基本信息、行为习惯、需求反馈等数据。通过分析这些数据，就可以找出用户的特征和需求，最后构建出一个详细且准确的用户画像。

化妆品品牌"完美日记"是一个比较典型的成功案例。品牌方为了了解目标用户的需求和喜好，利用抖音平台的大数据分析工具对用户的行为进行了深入的分析。这些数据包括用户在抖音上的浏览记录、点赞、评论、分享等行为。通过这种方法，完美日记发现了一些重要的信息：大部分关注品牌的消费者都是年轻的女性，这些消费者非常关注美容和时尚趋势，喜欢观看美妆教程。基于这些发现，"完美日记"调整了短视频内容策略，开始制作更多的美妆教程和产品试色视频，以满足用户的需求。这种策略取得了巨大的成功，不仅提升了用户的参与度和满意度，也增加了品牌的曝光度和销售额。

国际音乐流媒体平台 Spotify、电商巨头亚马逊和流媒体巨头 Netflix 等的用户画像构建方法很值得借鉴学习。这些品牌通过分析用户的行为数据（如听歌、购物、观影行为等）和用户反馈，构建出精准的用户画像。然后，根据用户画像提供个性化的服务和产品推荐，从而提升用户体验。

无论是在国内还是国外，用户画像的构建都是短视频营销中不可或缺的一环。通过深入分析用户数据，了解用户的需求和喜好，品牌可以制定出更有针对性的营销策略，从而提升营销效果和用户满意度。

三、用户画像的应用策略

构建用户画像只是第一步，有了用户画像，创作者还要根据用户的特点和需求，制作出符合用户喜好的内容，进行有针对性的推广，以提升视频的观看率和互动率。因此，构建用户画像后，如何将其应用于内容创作和营销策略，才是创作者需要解决的关键问题。

在我国短视频营销的实际应用中，已有许多企业和品牌成功地运用了用户画像，并取得了明显的成效。

我国的电子产品制造商小米的产品深受年轻用户的喜爱。小米通过对用户的行为数据和评论反馈进行分析，发现大部分用户都对科技产品有着浓厚的兴趣，消费者特别关注新产品发布和技术创新。小米据此在抖音上发布了一系列短视频，展示品牌的新产品特性和背后的科技创新。此举极大地提高了消费者对小米新产品的关注度和期待，也成功提升了小米品牌的影响力和销售额。

作为一个国际连锁快餐品牌，必胜客在中国市场也得到了广泛认可。必胜客在构建用户画像时发现，年轻人非常喜欢分享美食，必胜客便在抖音上发布了一系列关于新品比萨的短视频。这些视频不仅展示了比萨的美味，还展示了用户体验和评论。这种短视频营销策略成功吸引了年轻用户的关注，提升了品牌的知名度和销售额。

知名服装品牌森马的用户主要是追求时尚、关注品质的年轻人。森马通过大数据分析，深入了解用户的购物习惯和品牌偏好，有针对性地在抖音上发布一系列关于服装搭配和时尚穿搭的短视频。这些视频既展示了森马的产品，也提供了时尚穿搭建议，受到了用户的热烈欢迎。这种短视频营销策略不仅吸引了用户对森马产品的关注，也提升了品牌形象和销售额。

可见，用户画像是有效提升短视频营销效果的关键。通过对用户画像的深入理解和应用，企业和品牌可以更精准地定位目标用户，制作出更符合用户需求和兴趣的短视频，从而达到更有效的营销目标。

第二节 选题与策划

在短视频创作过程中，选题和策划是非常重要的步骤。正确的选题和良好的策划可以引导创作方向、减少无效努力，并能帮助创作者创建吸引目标观众的内容。

一、选题来源与创意

选题来源和创意是创作短视频的起点。在进行选题时，要以用户画像和市场趋势作为创作依据，并在选题中注入独特创意，使短视频内容具有更强的吸引力。

奥利奥品牌曾在短视频平台上发起"玩转奥利奥，趣玩新花样"创意选题挑战，鼓励用户创作分享"趣玩"奥利奥饼干的短视频。

这次活动的灵感来源，就是奥利奥饼干"扭、舔、泡"的独特吃法，品牌方将目标人群锁定在忙碌的上班族，鼓励用户从不同角度、以创新方式展示奥利奥饼干的新吃法、新玩法。

随后奥利奥"花样表情，自造工厂"活动上线，以饼干形象为载体，激发用户的创意想象，个性化定制表情并分享，渗透进消费者每天的碎片化生活中，给每个身处忙碌生活的人带来欢乐和趣味，取得了较好的传播效果。同时，奥利奥还请来插画师，选取与品牌价值主张相近的关键词，以经典的黑白夹心奥利奥为创作主体，用丰富的创意玩出趣味，让单调的黑白配玩出文艺的感觉（见图6-1）。

图 6-1　奥利奥的创意活动

奥利奥这一选题源于产品本身，又融入了创新元素，有效地引发了用户的参与热情，达到了很好的营销效果。

"百变大咖秀"短视频系列的创意也是如此，节目组根据观众的兴趣和当前的社会热点进行选题，通过深度的用户洞察，使短视频内容极具吸引力，在社交媒体上成功引发广泛讨论。

类似的活动还有"夏日甜品制作"和"一分钟速绘"等系列短视频。创作者通过对夏天市场需求和用户画像的考察，发现在炎炎夏日里制作冰凉甜品的短视频能够满足大众的需求，于是就有了"夏日甜品制作"系列视频选题。在现代快节奏生活中，人们追求的是简洁和效率，因此，在短时间内展示完成一幅画作的过程，正好满足了快速学习和消费的需求，这就是"一分钟速绘"这个系列的创意来源。

二、选题评估与优化

选题的评估与优化是保证内容质量的重要环节。创作者需要对选题进行深度分析和反思，才能确保其具有足够的吸引力和影响力。

星巴克品牌在策划"为你写诗"短视频活动时，进行了深入的选题评估。考虑到抖音用户年轻化的特点，以及用户对个性化和情感表达的需求，星巴克决定邀请知名诗人创作与星巴克相关的短诗，并配以艺术化的影像，表达星巴克为用户带来的独特体验。这一活动成功地吸引了大量用户的关注和参与，显示出了选题评估与优化的重要性。

与星巴克"为你写诗"活动类似的，还有安慕希品牌"读书日"为粉丝出书活动。在世界读书日来临之际，安慕希将过去一年中和粉丝在网上冲浪时写下的留言编撰成一本书《藏在口袋里的故事》；品牌方又从数千条安慕希平台的留言中，挑出品牌与粉丝的互动留言，这些装满回忆的留言大多和各种大小不一的节日互动、各类 UP 主搞笑联动等主题线索相关，收录在《小安笑了 99 次》《这就是 AI 情》《成长修炼手册》三本小巧的口袋书中（见图 6-2）。粉丝随意翻阅，就能发现众多互动。这些活动成功吸引了更多的用户与品牌方互动，达到了很好的营销效果。

图 6-2 安慕希"读书日"为粉丝出书活动

"我是唱作人""3 分钟科普""拍案问答"等众多系列短视频，也都对选题进行了优化和评估。"我是唱作人"在制作初期，团队评估了"唱作人"这一话题的吸引力和影响力，以确保内容的质量和价值。在后期进行优化时，创作团队也根据用户反馈和数据分析做出了一些改动，使得内容更符合观众的喜好。"3分钟科普"在制作时，团队经常进行选题评估和优化，以确保科普内容的准确性和易理解性。"拍案问答"系列在选题初期，团队就充分考虑了市场需求和目标用户群体，在优化阶段，团队根据观众反馈调整了内容结构和播放时间，使视频内容更符合用户需求。

三、内容策划与执行

在短视频营销中，作为短视频创作的核心环节，内容策划和执行的重要性不言而喻。一个优秀的策划，能够为短视频的制作提供明确的指导，可以把握用户的需求和兴趣，设计出有趣和具有吸引力的短视频；而高效的执行，则能确保短视频的质量和传播效果。在我国的短视频案例中，有许多企业和品牌成功地运用了这种策略，取得了明显的成效。

华为 Mate 40 系列手机发布会进行短视频策划时，华为团队确定了要突出展示华为 Mate 40 的独特功能和优秀性能后，设计了一系列具有视觉冲击力的场景，用以展示华为 Mate 40 在这些场景中的表现。在执行阶段，华为团队精细地控制了每一个细节，包括镜头切换的节奏、背景音乐的选择等，以确保短视频的质量。这一系列的策划与执行，使得华为 Mate 40 的发布会短视频在抖音上获得了巨大的成功，增强了华为品牌的影响力。

蒙牛乳业在进行短视频营销时，进行了一系列的内容策划，主要围绕健康、营养和美味这三个主题。在执行过程中，蒙牛乳业通过精心设计的动画、醒目的标语和生动的实例，成功传达了产品的三大特性，使得短视频在抖音上取得了广泛的传播，增强了蒙牛乳业品牌的影响力。

宜家家居在策划短视频营销时，主要聚焦在提供简单、实用的家居设计和装修建议。在执行过程中，宜家通过展示产品的多样性和可组合性以及如何利用宜家的产品改善生活空间，使得每一个短视频都充满了实用性和吸引力。这些短视频在抖音上得到了广泛的传播，提升了宜家家居品牌的知名度。

小鹿茶是一个专注于茶饮的品牌，在进行短视频营销时，其内容策划主要围绕茶饮的口感、原材料的选择以及制作过程。在执行阶段，小鹿茶精心制作了一系列短视频，详细展示了茶饮的制作过程。这些短视频既满足了用户对茶饮制作过程的好奇心，也提高了小鹿茶品牌的形象和销售额。

以上案例充分表明，内容策划和执行在短视频营销中起着至关重要的作用。通过有效的内容策划和执行，企业和品牌可以制作出更符合用户需求和兴趣的短视频，获得更好的营销效果。

第三节 视频制作技巧

掌握正确的拍摄技巧、视频内容呈现方式以及互动设计方式，可以大大提升视频的观看体验，因而，视频制作的技巧性是短视频创作过程中不可忽视的一部分。

一、拍摄技巧与设备选择

一则优秀的短视频，除了内容要吸引人，拍摄手法和设备的选择也非常重要，适当的拍摄技巧和优良的设备，可以使短视频效果更加完美生动。

蒙牛乳业曾在抖音开展"真果粒挑战"活动，品牌方通过创新的拍摄技巧和合适的设备选择，邀请用户使用手机拍摄并分享自己制作真果粒酸奶的过程，成功地引发了用户的关注。在"真果粒挑战"活动中，这种由用户自行拍摄的方式，既展示了产品的互动性，又充分利用了手机拍摄的便利性，成功地吸引了大量用户参与。

视频制作技巧在短视频营销中扮演着至关重要的角色，其不仅关乎视频质量的优劣，也直接影响到观众对于视频的接受程度。优秀的拍摄技巧和设备选择以及适合的内容呈现方式，能够大大提升视频的吸引力，从而吸引更多的用户关注和互动。这样的案例在国内的短视频营销实践中比比皆是。

奥利奥品牌"换口味挑战赛"就是一个典型案例。奥利奥在抖音开展了一场名为"换口味挑战赛"的活动，该活动倡导用户使用奥利奥饼干进行创意烹饪，制作出新的食物。品牌方在活动初期发布了由专业拍摄团队制作的参赛示范视频，视频中运用多角度拍摄、快剪辑等拍摄技巧，让制作过程显得既简单又好玩。这种专业又富有趣味性的拍摄手法，有效地引导了用户模仿参与，活动的参与度因此大大提升。

类似的案例还有美的"明星大厨教你做菜"活动。在抖音平台，美的利用名人效应，联合国内知名厨师进行了一系列的短视频制作。在视频中，明星大厨运用美的厨电产品制作各种菜品。美的在拍摄过程中注重细节的呈现，采用高速摄影设备，捕捉食材烹饪的瞬间，如油锅爆炒、水果切割等，以此展现产品的优越性能。明星大厨的加入以及他们在视频中的解说与操作，进一步提升了视频的专业性和可信度。

马蜂窝"打卡最美风景"也是其中一个比较典型的案例。马蜂窝在抖音开展了一场名为"打卡最美风景"的活动，鼓励用户去发现身边的美景，用镜头记录下来，并分享在抖音上。在活动推广视频中，马蜂窝巧妙运用了无人机拍摄、超广角拍摄等专业拍摄手法，呈现出极致的视觉体验，使观众仿佛置身于美景之中。这样的拍摄技巧，成功吸引了大量的用户参与活动，打卡分享自己的旅行体验。

无论是借助专业的拍摄设备和团队，还是利用用户自行拍摄的方式，短视频的制作都需要注重拍摄技巧和设备选择，以及内容的呈现方式。只有在这些方面下足功夫，才能够制作出优质的短视频，吸引更多的用户关注和互动，从而实现有效的短视频营销。

二、视频内容呈现方式

视频内容的呈现方式，可以很大程度上影响观众的观看体验。因此，创作者需要根据短视频的内容和目标观众选择合适的呈现方式。

视频内容的呈现方式对于吸引观众、提升观看体验有着重要的作用。有许多短视频营销案例都在内容呈现方式上作出了精彩的创新，为我们提供了借鉴。

以可口可乐在抖音的"分享可乐"活动为例。在"分享可乐"的活动中，可口可乐选择了与众不同的视频内容呈现方式，通过邀请不同的人，包括普通消费者、明星和意见领袖，分享他们与可口可乐的故事。这种多元化的呈现方式，成功地展示了可乐在不同人生场景中的角色，从而增强了观众的情感共鸣。

以肯德基"云点餐"例，肯德基在抖音平台上推出了"云点餐"系列短视频。这个系列通过真实展现普通人在肯德基点餐的过程，创新地将点餐过程变成了一段个性化的故事。这种呈现方式，使得每一段视频都充满了生活气息，让观众在欣赏的同时，也能够直观地了解到肯德基的菜品和服务，成功增强了观众的购买欲望。

滴滴出行"我的出行故事"也是一个很好的学习案例。滴滴出行在抖音上推出了一系列名为"我的出行故事"的短视频，每一部短视频都讲述了一位用户的滴滴出行体验。这些体验包括急匆匆赶往机场的商务人士、为了看望远方亲人而出行的老人以及拼车相遇并发展成朋友的年轻人等。这种个性化的故事呈现方式，使得滴滴的服务显得更为人性化和贴心，有效提升了品牌的亲和力。

百事可乐"有趣的人生"与前两个案例类似。百事可乐在抖音上开展的"有趣的人生"活动，邀请用户分享他们的生活趣事，并配上百事可乐的元素。在视频呈现方式上，百事可乐尽量采取一种轻松、娱乐的风格，旨在打造一种积极、乐观、充满乐趣的品牌形象。这种内容呈现方式成功吸引了大量年轻用户的关注,增强了百事可乐在年轻消费者中的影响力。

视频内容的呈现方式是影响用户观看体验的重要因素。在制作短视频时,创作者和运营者需要结合品牌定位和目标用户的特性,选择合适的内容呈现方式,以吸引更多用户的关注和参与。

三、互动设计与用户体验

互动设计与用户体验是决定短视频效果的重要因素,通过有效的互动设计,短视频创作者可以提高用户的参与度,从而增强短视频的传播效果。

宝洁公司在抖音"我就是我"活动中,通过互动设计,提升用户的体验。品牌方邀请用户上传自己的照片,并用这些照片生成个性化的短视频。这些短视频以动画形式展现用户的生活场景,从而表达"我就是我"的主题。这种互动设计,成功地提升了用户的参与度,从而增强了活动的传播效果。

互动设计在短视频营销中具有至关重要的作用。当观众能够参与到视频内容的互动中,他们更有可能感到自己是视频的一部分,从而更愿意分享和推广。不少案例都采用了有效的互动设计,从而成功地提高了用户的参与度。

比如,OPPO手机"手机拍摄挑战"。OPPO手机在抖音平台上推出了"手机拍摄挑战"活动,这个活动鼓励用户使用OPPO手机拍摄自己的日常生活,并分享到抖音上。活动中,OPPO手机还设立了多个奖项,如"最佳创意奖""最美风景奖"等,来激励用户参与。这种互动设计使得用户不仅可以使用OPPO手机记录生活,还有机会得到奖励,这在很大程度上提高了用户的参与度。

乐视网"创新者大赛"也有异曲同工的效果。乐视网在抖音平台上推出了"创新者大赛"活动。该活动鼓励用户上传自己的创新想法,最有创意的想法将有机会被乐视网采纳，并在乐视网的产品中实现。这种互动设计，使得用户不仅有了表达自己创新想法的平台，还有机会看到自己的想法变为现实，这在很大程度上提高了用户的参与度。

　　类似的案例还有蒙牛乳业"舞动生活"活动。蒙牛乳业在抖音平台上推出了"舞动生活"活动，该活动鼓励用户上传自己的舞蹈视频，并在视频中加入蒙牛乳品的元素。在活动中，蒙牛乳业还设立了"最佳舞蹈奖""最具创意奖"等，以激励用户的参与。这种互动设计，使得用户不仅可以通过舞蹈表达自己的生活态度，还有机会得到奖励，这在很大程度上提高了用户的参与度。

　　所有成功的案例都有一个共同点，就是短视频营销中的互动设计，不仅可以提高用户的参与度，还可以提高短视频的传播效果。因此，创作者在制作短视频时，应该充分考虑到互动设计的重要性，并尽可能地设计出能够吸引用户参与的互动环节。

第四节　短视频剪辑技巧

　　短视频剪辑是短视频创作的核心环节，短视频剪辑技巧是影响短视频质量的重要因素，关乎视频的质量、信息传递的准确性。精细的剪辑，可以让短视频内容更加紧凑有趣，从而提升观众的观看体验，剪辑技巧的重要性可见一斑。短视频剪辑技巧如图 6-3 所示。

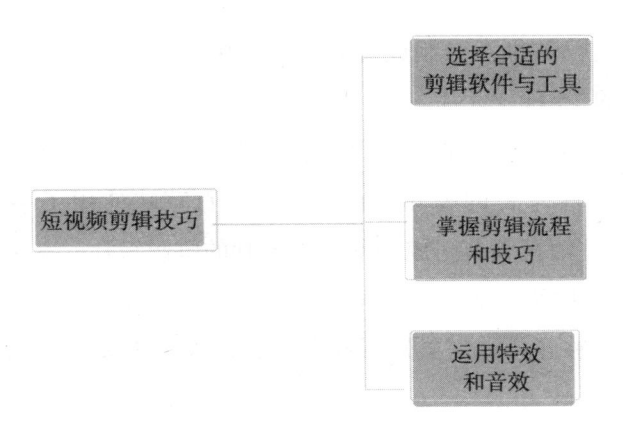

第六章　短视频高质量内容创作策略

```
短视频剪辑技巧 ─┬─ 选择合适的剪辑软件与工具
                ├─ 掌握剪辑流程和技巧
                └─ 运用特效和音效
```

图 6-3　短视频剪辑技巧

一、选择合适的剪辑软件与工具

剪辑软件和工具的选择直接决定了作品可以达到的深度和质量，因此，选择合适的剪辑软件和工具是制作高质量短视频的第一步，可以影响短视频的质量和效率，可以让创作者更容易实现想要的效果。

《复仇者联盟》是一部全球热门的电影，在制作宣传短视频时，制作团队使用了专业剪辑软件 Adobe Premiere。通过这款强大的剪辑软件，创作者可以精细地控制每一个镜头，使得每一帧都充满了动感。Adobe Premiere 在《复仇者联盟》中的应用，使得这部影片的宣传片取得了很好的宣传效果。

《权力的游戏》是一部全球热门的电视剧，其预告片的制作使用了剪辑软件 Final Cut Pro。通过 Final Cut Pro，创作者成功地把众多复杂的镜头融合在一起，创造出了震撼人心的视觉效果。

苹果公司的产品宣传短视频经常使用 iMovie 进行剪辑。iMovie 这款简捷易用的剪辑工具在苹果产品宣传短视频中的应用，使创作者能快速地完成视频剪辑，制作出简洁明快的产品宣传短视频。

2018 年年初，网友拍摄的海底捞"自制番茄牛肉饭"短视频突然走红，网友将自己的创意录制成视频，并运用抖音自带的剪辑功能，拍出极具个性化的 15 秒"大片"。

百草味在抖音推出的"百草味挑战"活动中，邀请用户分享他们尝试各种百草味零食的瞬间。在活动中，百草味使用了手机剪辑软件 InShot，将这些短视频剪辑成一部引人入胜的电影短片，突出了百草味零食的多样性和丰富的口感。InShot 的简单易用和强大的功能，使得百草味的创作者能够轻松地完成短视频剪辑，这大大提高了活动的参与度和传播效果。

在网易云音乐推出的"我的音乐故事"活动中，网易云音乐使用了专业剪辑软件 Adobe Premiere Pro 进行视频剪辑。在活动中，网易云音乐邀请用户分享他们与音乐相关的故事，然后将这些故事通过 Adobe Premiere Pro 剪辑成一部触动人心的短视频。Adobe Premiere Pro 的丰富功能和精细的剪辑能力，使得网易云音乐的创作者能够准确地表达出每一个故事的情感，从而吸引了大量用户的关注和分享。

阿尔法蛋在抖音推出的"生活就要有节奏"活动中，使用了手机剪辑软件 KineMaster 进行视频剪辑。在活动中，阿尔法蛋邀请用户分享日常生活中的节奏感视频，然后将这些视频通过 KineMaster 剪辑成一部节奏感强烈的短视频。KineMaster 的便捷操作和丰富的功能，使得阿尔法蛋的创作者能够轻松地完成短视频剪辑，并创作出引人入胜的短视频，这大大提高了活动的参与度和传播效果。

不同的剪辑软件和工具，具有不同的特性和功能，创作者应根据自己的需要，选择最适合自己的剪辑工具。同时，创作者还应当注重短视频的剪辑技巧，通过精细的剪辑，使得短视频内容更加紧凑有趣，从而提升观众的观看体验。

二、剪辑流程与技巧

掌握剪辑流程和技巧，是提升短视频制作效率和质量的关键。正确的剪辑流程可以保证短视频的连贯性和完整性，有效的剪辑技巧则可以提升短视频的观看体验。掌握正确的剪辑流程和技巧，可以帮助人们更高效地完成短视频的制作。

电影《盗梦空间》预告片的剪辑使用了一种称为"非线性剪辑"的技巧，通过打乱事件的时间顺序，创造出了悬疑和紧张的氛围，成功吸引了观众的注意力。

抖音用户在制作短视频时，经常使用一种称为"快速剪辑"的技巧，通过在短时间内切换大量镜头，创造出了动感和节奏感，提升了短视频的观看体验。

肯德基在抖音的"真香"活动中，展示了在剪辑流程和技巧方面的专业性。品牌方拍摄了一系列视频片段，通过精细的剪辑，将这些片段连贯地组合在一起，形成了一个完整的故事。这种方式成功地展示了肯德基产品的吸引力，引发了观众的共鸣。

美团在抖音上推出的"吃货不负美食"活动，运用了巧妙的剪辑流程和技巧。美团先确定了主题"展示各地美食"，然后邀请用户提交各地特色美食的视频。剪辑团队收集到素材后，先进行粗剪，将各个片段进行初步的拼接；接着进行细剪，调整片段的顺序和时长，使得各个片段更好地衔接；最后再进行后期处理，添加音乐和特效，使得视频更具吸引力。美团的剪辑团队运用了高速剪辑技术，使得短视频节奏明快、内容丰富，大大提升了用户的观看体验。

在拼多多推出的"百亿补贴"活动中，拼多多采用了非线性剪辑的技巧。在短视频中，拼多多通过剪辑，将多个不同的用户购物体验和百亿补贴带来的优惠效果展示出来，时间顺序被打乱，使得视频充满了悬疑和紧张感，引发了用户的好奇心和购物欲望。同时，拼多多在剪辑流程中也表现出了专业性，先选定了主题，然后收集了大量的用户购物体验视频，再通过精细的剪辑，将这些视频片段组织成一个完整的故事，最后再进行细节调整和后期处理。

OPPO在抖音推出的"摄影就在OPPO"活动中，通过专业的剪辑流程和技巧，成功地展示了OPPO手机的摄影功能。活动开始时，OPPO确定了主题，然后邀请用户上传使用OPPO手机拍摄的照片和视频，接着OPPO的剪辑团队收集到素材后，先进行粗剪，再进行细剪，最后进行后期处理。通过这一系列的剪辑流程，OPPO成功地制作出了一部展示了其手机摄影功能的精美短视频。在剪辑技巧方面，OPPO使用了快速剪辑的技巧，使得短视频节奏明快，动感十足。

这些案例都充分展示了剪辑流程和技巧在短视频制作中的重要性。不论是企业还是个人，只要掌握了正确的剪辑流程和技巧，都可以制作出高质量的短视频，成功吸引观众的注意力，提升短视频的传播效果。

三、特效与音效的运用

特效和音效的运用，可以增强短视频的视听体验，使短视频更具吸引力，从而提高观众的观看体验。

漫威电影在制作宣传短视频时，会大量运用特效，如火焰、闪电等。这些特效的运用，使得短视频更具观赏性，成功吸引了观众的眼球。在电影《爱乐之城》的预告片中，钢琴、鼓点等音效的巧妙运用，成功营造了浪漫和梦幻的氛围，增强了短视频的观赏体验。

多芬（Dove）的短视频营销活动中也经常会用到特效和音效。在Dove的"Real Beauty"活动中，品牌方巧妙地运用慢动作、钢琴等特效和音效，增强了短视频的视听效果，成功吸引了观众的注意力，增强了观众的观影体验。

耐克在抖音的"JUST DO IT"活动中，通过运用特效和音效，增强了短视频的视听体验。品牌方为每一个运动场景都配上了恰到好处的特效和音效，让观众能更好地感受到运动的激情和力量。通过这种方式，成功地展现了耐克品牌的精神，引发了观众的情感共鸣。

在视觉与听觉的双重刺激下，特效和音效的运用对于提升短视频的观看体验显得尤为重要。特效可以使短视频更具视觉冲击力，让内容更具立体感和动感。而合适的音效则能引导观众的情绪，让视频传达的信息更为深入人心。这一环节看似细微，但实际上对于提升短视频的吸引力与影响力起到了决定性的作用。

小米公司的 MIUI 12 的推广活动就是一个很好的例子。小米在抖音上发布了一系列关于 MIUI 12 的短视频，巧妙地运用了特效和音效。在特效上，小米运用了流畅的动画过渡和炫酷的 3D 效果，强调了 MIUI 12 系统的流畅性和视觉美感。在音效上，小米选择了轻快的音乐和清晰的旁白，准确传达了 MIUI 12 的特性和功能。这种运用特效和音效的方式，使得小米的推广视频在抖音上获得了大量的播放量和分享，成功引发了用户对 MIUI 12 的关注。

海尔在推广智能家电产品时，也展现了其对特效和音效运用的娴熟技巧。在一系列关于海尔智能冰箱的短视频中，海尔运用了大量的特效，如产品的 3D 模型、产品内部结构的动画展示以及各种场景模拟。同时，海尔也运用了合适的音效，如冰箱开门的声音、制冷的声音，还有产品解说的旁白。这些特效和音效的巧妙运用，使得海尔的短视频更具观赏性和感染力，吸引了大量用户的注意力，从而提升了产品的销售额。

OPPO 在推广 Find X 系列手机时，充分利用了特效和音效的魅力。在一系列的产品介绍视频中，OPPO 运用了大量的 3D 动画和特效，展示了手机的外观设计、颜色选项和核心功能。同时，OPPO 也配上了深情的背景音乐和有力的旁白，引导了观众的情绪，使观众能更好地理解和接纳产品的特点。这种方式使得 OPPO 的 Find X 系列手机在市场上受到了热烈的追捧。

第七章
短视频运营策略

目前，短视频平台已经成了用户获取信息、娱乐以及商业宣传的重要渠道。优秀的短视频能够迅速吸引大量的用户，但要让这些用户持续关注并转化为有效的流量，则需要运用一系列的运营策略。这一章将探讨短视频的运营策略，包括种子用户策略、运营数据分析技巧、视频发布的时间及渠道技巧，以及视频推广技巧，并结合商业短视频营销案例，深入分析这些策略的实施方法和效果。

第一节　种子用户策略

种子用户是短视频营销中的一个重要角色，所谓"种子用户"，就是一个产品或服务的早期用户，他们通常对产品或服务的发展有着重大的影响。他们既是内容的早期消费者，也是品牌或产品的传播者。他们的行为和反馈，可以帮助创作者优化产品或服务，提升用户体验。

一、种子用户的定义与重要性

种子用户对于产品或服务的成功至关重要，因为他们不仅是产品或服务的使用者，同时也是产品或服务的宣传者，既能为内容提供初期流量，更能通过口碑传播提高短视频的覆盖率和影响力，因而，种子用户对于短视频的推广具有极其重要的作用。

抖音非常重视种子用户策略，在初期就重视种子用户的培养。抖音邀请了一批有影响力的网红作为种子用户，这些种子用户的参与，带动了平台的初期流量，并吸引了更多的用户加入。同时，抖音在初期邀请了一些高校学生成为种子用户，通过他们的分享和推广，抖音迅速在年轻用户中取得了较大的影响力。

语音社交软件Clubhouse也采用过种子用户策略。Clubhouse在初期就选择了一批在特定领域有影响力的人士作为种子用户，这些种子用户的参与和分享，大大提高了 Clubhouse 的知名度。

  TikTok 在扩展海外市场时，同样采取了种子用户策略，邀请了一批在当地有影响力的网红和艺人作为种子用户，有效推动了 TikTok 在海外的发展。

  在短视频营销中，种子用户是推动产品传播的关键角色，他们是产品最早的接触者，也是产品的推广者。在短视频领域，种子用户的价值体现在对新产品的接受和尝试以及他们的影响力与口碑传播的能力。

  首先，以快手为例，快手在初期便非常注重种子用户的挖掘和利用。快手在最初的定位就是"记录与分享生活"，所以主要的种子用户群体是普通的百姓，尤其是生活在二、三线城市和农村地区的普通群众。这些人成了快手最早的使用者，他们通过拍摄和分享生活中的点点滴滴，吸引了同样生活在这些地方的人。这些种子用户的视频真实、接地气，极易引发共鸣，使得快手得以在普通群众中迅速传播开来。

  其次，微视在推广过程中也采用了种子用户的策略。微视作为腾讯旗下的短视频平台，一上线就邀请了许多腾讯体系内的明星、网红作为种子用户。他们在微视上发布自己的短视频，引发了大量的关注和讨论。由于种子用户本身就具有一定的影响力和粉丝基础，他们的参与有效地提高了微视的知名度和活跃度，对微视的推广起到了积极的推动作用。

  最后，美拍也是利用种子用户策略推动自己发展的一个典型例子。美拍在最初时就邀请了一批有影响力的美妆、时尚博主作为种子用户。这些种子用户的视频内容，不仅为美拍提供了丰富的内容源，也为美拍带来了大量的粉丝。这些种子用户的视频因其专业性和实用性，获得了大量的分享和传播，有效地推动了美拍的发展。

  综上所述，种子用户在短视频营销中具有非常重要的作用。他们可以为新的短视频平台带来初期的流量，也可以通过口碑传播推动平台的进一步发展。因此，在进行短视频营销时，应该重视种子用户的选择和培养，利用他们的影响力和口碑传播能力，推动短视频的推广和传播。

二、种子用户的获取与培养

在短视频营销领域，种子用户的获取与培养是至关重要的一步，因为他们在早期推广和口碑形成中起到了关键作用。在这个过程中，需要找到那些可能成为种子用户的人群，然后通过各种方法，如提供优质的内容、提供吸引人的激励以及提供专业的培训等方式，来培养他们，并让他们成为短视频平台的种子用户。

B 站的 UP 主培养计划就是发现并支持有潜力的内容创作者，帮助他们提高影响力，成为 B 站的种子用户。

微信公众平台的运营者计划也是培养一批专业的公众号运营者，他们的专业内容吸引了大量用户，这些运营者也就成为微信公众平台的种子用户。

抖音在早期就注重种子用户的获取与培养，他们在各大高校设置了抖音社团，利用高校的资源挖掘有潜力的内容创作者。并且，抖音还提供了丰富的培训资源和奖励机制，帮助内容创作者提升自己的创作能力，激励他们产出更多优质的内容。这样一来，不仅吸引了更多的用户加入，也让这些内容创作者成为抖音的种子用户，进一步推动了抖音的发展。

微视在推广过程中，也十分注重种子用户的培养。他们针对一部分在其他短视频平台上已经具有影响力的内容创作者，提供了一系列激励措施，如提高推荐权重、提供更优的变现方式等，以此吸引他们在微视上发表内容。这种方式，不仅使得这些种子用户愿意在微视上发表作品，同时也吸引了其他用户的关注和使用，有效地推动了微视的发展。

快手在用户获取与培养上，也展现了他们独特的策略。快手早期就设立了"快手大学"，为用户提供制作短视频的技能培训。而且，快手还对在平台上表现优秀的用户进行额外的激励，如提高曝光率、提供物质奖励等，使得这些用户更愿意在快手上产出内容，从而成为快手的种子用户。

种子用户的获取与培养是短视频营销中的一个重要环节。这是一种需要细心运营和长期坚持的策略，但只要做好了这个环节，就能为短视频的发展打下坚实的基础。

三、种子用户的运营与管理

在短视频营销领域，种子用户的运营与管理是一个长期并且需要专业技能的任务。种子用户是产品或服务的重要推广者，他们的反馈、建议以及活跃度对产品或服务的发展具有重大影响。因此，为了使种子用户能够持续活跃，并积极为产品或服务的改进提供反馈和建议，短视频平台需要有效地管理这些种子用户。

快手的种子用户运营策略很值得研究。在快手平台上，种子用户对于平台的发展具有重大影响。为了维持这些种子用户的活跃度，快手很注重与种子用户的沟通和交流。他们会定期收集种子用户的使用反馈和建议，以此来改进平台的功能和服务。此外，快手还为种子用户提供了一系列增值服务和特权，这些服务和特权不仅可以提升种子用户在平台上的体验，而且可以激励他们持续活跃。

抖音的种子用户管理策略略有不同。抖音在管理种子用户时，设置了"星图计划"，这是一项专门为种子用户设计的服务。在"星图计划"中，抖音为种子用户提供了多种支持，包括内容推广、收益分成、资源对接等，这些支持能够帮助种子用户提高自身的影响力，同时也维持了他们的活跃度。

B站以UP主作为他们的种子用户，为UP主提供了完善的激励机制。在这个机制中，UP主可以享受到收益分成、特权福利等，同时B站还为UP主提供了反馈渠道，及时处理他们的问题和需求。

微信公众平台同样也有种子用户运营策略。微信公众平台的运营者是他们的种子用户，为了帮助运营者提升运营能力，增强用户黏性，微信公众平台设立了"运营者联盟"，在联盟中，运营者可以享受到各种支持，包括培训、推广、反馈处理等。

种子用户的运营与管理是一个细致的工作，需要通过有效的沟通、适当的激励以及专业的反馈处理，来维持和提升种子用户的活跃度。这是一项长期的任务，但只要做好了，就能为短视频的发展打下坚实的基础。

第二节　运营数据分析技巧

在数字化时代，数据分析是提升用户体验、优化产品性能以及提高市场份额的关键，已经成为优秀短视频营销策略中不可或缺的一环。

一、数据分析的重要性

在全球范围内，数字化的浪潮正在深度改变各行各业，尤其是娱乐和传媒领域，其中短视频行业就是明显的例子。在这个数据驱动的时代，数据分析在实际操作中被越来越多的企业所重视和应用。通过数据分析，短视频平台可以深入理解用户的行为，优化产品的体验，提高营销的效果，为未来的发展战略提供可靠的依据。通过几个中国短视频平台的实际案例，可以更加深入地理解数据分析在实际运营中的作用。

抖音是中国最大的短视频平台，也是全球用户规模最大的短视频应用平台，如何在数亿用户中实现精准推荐，提高用户的体验和满意度，这是抖音需要面对的问题。在这个问题上，抖音充分利用了大数据和人工智能技术，对每一个用户的行为数据进行深度分析，包括用户的喜好、观看时间、活跃度等指标。根据这些数据，抖音调整了自己的推荐算法，实现了真正意义上的精准推荐，也就是每一个用户看到的内容都是他们可能感兴趣的。这种基于数据的个性化推荐不仅大大提高了用户的体验，还显著提高了用户的留存率和活跃度，使抖音在激烈的短视频市场竞争中脱颖而出。

B 站作为专注于二次元文化的视频平台，同样将数据分析作为其运营的重要手段。通过分析用户的观看行为、评论内容、分享情况等数据，B 站了解到用户对各类内容的偏好，据此调整了推荐策略，增加了用户的观看时长，增强了用户黏性。此外，B 站还通过对热门评论的数据分析，发现了用户的情感倾向和需求，对社区管理和用户服务进行了优化，大大提高了用户对 B 站的满意度和忠诚度。

从以上的实例可以看到，数据分析对于短视频平台的运营具有重要的作用，它可以帮助平台理解用户的需求，优化产品的功能，提高营销的效果，最终提升平台的市场竞争力。因此，无论是大型的短视频平台，还是初创的短视频企业，都应该重视数据分析，学习并掌握数据分析的技巧，以此来提升自身的运营效率和市场表现。

二、数据采集与整理

数据采集与整理是短视频营销中不可或缺的一环，包括用户行为数据、用户反馈数据、视频播放数据等，它们让短视频平台可以从各个方面全面了解用户，从而为用户提供更精准的服务。下面，让我们通过几个中国短视频平台的实际案例，来看看数据采集与整理是如何影响短视频营销的。

微博的数据采集做得非常到位，微博利用各种方式收集用户数据，并对用户的发布、点赞、转发、评论等数据进行整理和分析，从而提高推荐的精准度。

快手的数据采集则是通过收集用户的观看记录、搜索历史、互动行为等数据进行分析，并以此为依据优化推荐内容，提高用户体验。

TikTok 在全球范围内拥有大量的用户，每天都有海量的数据产生。TikTok 数据采集与整理策略比较系统，不仅使用先进的数据采集技术收集用户的浏览、点赞、分享等各种行为数据，还收集用户在使用过程中的反馈和问题。TikTok 利用大数据技术，对这些数据进行整理和深入的分析，用以改进产品并提供更精准的推荐，为后续的运营决策提供依据。

腾讯看点是一款由腾讯推出的资讯短视频平台，其数据采集工作涉及广泛，包括用户行为数据，如用户的观看记录、搜索历史、互动行为等，还包括用户反馈数据，如用户对内容的评价、对界面的反馈等。在数据整理方面，腾讯看点通过专门的数据分析团队，将这些杂乱无章的数据进行整理和分类，形成可视化的报告，为运营团队提供决策支持。据此，腾讯看点可以推出更符合用户喜好的内容，提升用户的满意度和活跃度。

火山小视频是一款由字节跳动公司推出的短视频应用。火山小视频在数据采集方面，主要关注用户的观看记录、搜索记录、点赞、分享和评论等行为。而在数据整理方面，火山小视频则通过大数据技术，将这些数据进行深度分析，了解用户的行为模式和喜好，据此优化推荐策略，使用户能看到更符合自己喜好的内容。

爱奇艺短视频平台也非常注重数据采集与整理。爱奇艺短视频主要通过分析用户的观看行为、互动行为、搜索行为等数据，了解用户的偏好和需求。而在数据整理方面，爱奇艺短视频则利用先进的数据处理技术，将这些数据进行深度分析，形成详细的用户画像，为后续的运营决策提供有力的支持。

数据采集与整理在短视频营销中发挥着重要的作用。它们不仅可以帮助运营者更好地理解用户，还可以为运营策略提供有力的支持。因此，无论是大型的短视频平台，还是初创的短视频应用，都应该重视数据采集与整理的工作，学习并掌握相关的技巧和方法，以此来提升短视频的运营效果和市场竞争力。

三、数据分析与优化策略

数据分析是短视频运营的核心，通过对数据的深入分析，短视频创作者和运营者可以了解到用户的需求、视频的热度以及运营的效果，从而制定更加有效的优化策略。

在海量的数据中寻找规律、解析用户行为，进而优化运营策略，提升运营效果，这就是数据分析在短视频运营中的重要性。可以说，数据分析是连接用户需求和优化策略的桥梁，也是推动短视频运营持续提升的引擎。如同每一个灯塔都有自己的闪烁频率，各个短视频平台也都有自己独特的数据分析与优化策略。如优酷的数据分析与优化策略就是通过对用户观看习惯的分析，调整推荐策略，推出更符合用户需求的内容，提高用户的观看率；爱奇艺的数据分析与优化策略则是通过对用户行为数据的分析，及时调整内容推荐，提高用户满意度。

酷狗短视频通过对用户观看数据的深度分析，得到用户的观看习惯和喜好，从而调整推荐策略，推出更符合用户需求的内容，提升用户的观看率。此外，酷狗短视频还会根据数据分析结果及时调整推荐算法，提高推荐内容的准确度，从而提高用户满意度。

梨视频在数据分析与优化策略上的应用也很出色。梨视频通过收集和分析用户的观看记录、搜索历史、互动行为等数据，深入了解用户的需求和喜好。然后，梨视频将这些数据分析结果用于优化推荐策略，使用户能看到更符合他们需求的内容，从而提升用户满意度，增加用户留存率。

微视的数据分析与优化策略主要集中在对用户行为数据的深度分析上。例如，微视会收集并分析用户的点赞、评论、分享等行为数据，了解用户的偏好和需求，找出用户最关注的内容类型和发布时间。然后，微视根据这些数据分析结果，及时调整内容推荐策略，提升用户体验。

这些例子都充分显示了数据分析在短视频运营中的重要性。数据分析能帮助运营者深入了解用户，提升推荐精度，优化用户体验，进而提高平台的竞争力。因此，作为短视频运营者，应该积极掌握并运用数据分析与优化策略，以便更好地满足用户需求，提升运营效果。

第三节　视频发布的时间及渠道技巧

短视频的发布时间和发布渠道直接影响视频的曝光度和点击率。选择合适的发布时间和渠道，能够大大提高视频的传播效果。

一、发布时间选择原则

选择正确的发布时间，可以大大提高视频的曝光率，进而吸引更多用户的观看，增强用户的黏性。一般来说，用户在工作日的早晚高峰以及周末的空闲时间更容易观看视频。

抖音的数据显示，用户在晚上8点到10点之间的活跃度最高。因此，抖音上许多知名创作者会选择在这个时间段发布自己的视频，以便获得最大的曝光率。

B站发布时间的选择跟用户作息紧密相关。由于B站用户多为年轻人，其中许多是学生，因此，B站上的高峰时段通常在下午放学时间和晚上休息时间。这时发布的视频通常能获得更多的观看量。

至于快手这个以草根用户为主的短视频平台，它的用户活跃时间更加分散。比如，在农忙时期，会选择在晚上发布视频，因为这时候农村用户才有空闲时间观看；在农闲时期，则会选择在下午发布视频，因为这时候用户的活跃度较高。

以上这些例子充分说明了选择合适的发布时间对于提高视频曝光率、吸引用户观看的重要性。作为短视频创作者或运营者，应当注重对用户活跃时间的研究，以便选择最合适的发布时间，增强运营效果。

二、多渠道发布策略

在当今的信息高速公路上，短视频作为一种非常具有吸引力和影响力的信息传播方式，已经成为企业和个人进行营销和推广的重要手段。然而，由于信息的爆炸式增长和用户注意力的碎片化，如何将短视频有效地推送给目标受众，成了一种挑战。为了应对这一挑战，许多创作者和企业选择采取多渠道发布的策略，通过在多个平台和渠道发布视频，扩大视频的曝光率，提高用户的观看率。

我国知名辣椒酱品牌"老干妈"的营销策略很值得研究。在推出新产品时，老干妈会选择在抖音、微博等主流社交媒体平台发布宣传视频，同时也在微信公众号、淘宝商城等非短视频平台渠道发布相关信息，包括产品特点、食用方法、购买链接等。这种多渠道发布的策略让老干妈的新产品迅速在网络上传播开来，吸引了大量用户的关注和购买。这个案例说明，短视频的发布并不应限于短视频平台，应当充分利用所有的信息渠道，让更多的用户看到视频。

华为的营销策略也很值得借鉴。华为在发布新品时，会选择在微博、抖音、B站等多个平台进行直播，使得更多的用户可以在自己习惯的平台上看到华为新品的发布会，从而增加新品的曝光度。此外，华为还会通过微信公众号、官方网站等渠道发布新品的详细信息，满足用户了解新品的需求。这个案例告诉我们，我们在制定多渠道发布策略时，应当考虑到用户的使用习惯和需求，选择最合适的发布渠道。

全球知名运动品牌耐克的营销策略是，在发布新的广告视频时，会选择在YouTube、Instagram等多个社交媒体平台发布，同时也会在官方网站发布相关信息，以扩大品牌的影响力。而当耐克与游戏"英雄联盟"合作推出新的联名产品时，会选择在B站、YouTube等多个渠道发布游戏更新和赛事直播，以吸引更多的游戏玩家。在进行短视频营销时，不仅可以利用自身的渠道，还可以寻找合作伙伴，通过合作伙伴的渠道扩大视频的影响力。

三、平台差异化运营

不同的平台有其特殊的用户群体和使用习惯，因此进行差异化运营才能取得更好的效果。

OPPO 在抖音和 B 站采取的就是差异化运营，在抖音上主要发布潮流和短剧类型的视频，在 B 站上则主要发布手机评测和科技解析类型的视频，以符合两个平台用户的不同兴趣。

小米选择的是微博和抖音等平台，差异化运营的区别在于，在微博上更多地发布公司新闻和产品信息，在抖音上则更多地发布娱乐性和实用性的短视频，满足不同平台用户的需求。

苹果在 YouTube 和 Instagram 两个平台的差异化运营也很明显，苹果会在 YouTube 上发布详细的产品介绍和教程，在 Instagram 上则会发布精美的产品照片和短视频，吸引不同平台的用户。

红牛能量饮料在全球的短视频平台上都有很高的曝光度，品牌方在每个平台上都采取了不同的运营策略，差异化运营策略非常成功。在 TikTok 上，品牌方选择与一线明星和网红进行合作，发布充满活力和创意的挑战视频，吸引年轻用户的关注；在 YouTube 上，品牌方发布专业运动员的训练和比赛视频，用以展现品牌的专业精神。这种差异化运营策略，使得红牛在各个平台上都取得了很好的营销效果。

在当下短视频营销的大潮中，各大品牌正通过巧妙的运营策略在众多的信息中突围，而平台差异化运营就是其中的一个重要策略。不同的平台有不同的用户群体和使用习惯，因此，针对性地运营才能最大限度地吸引用户，提升影响力。

第四节 短视频推广技巧

在短视频日益普及的今天，要想让自己的短视频作品脱颖而出，让更多的人看到，就需要进行有效推广。短视频推广不仅可以增加视频的曝光度，还可以提高观看量，进一步吸引更多的粉丝和客户。无论是利用社交媒体还是与合作伙伴共同推广，甚至是采取付费广告推广，都能够提升视频的曝光度，提高视频的传播效果（图7-1）。短视频发布后，深入解析视频推广的技巧，是每个创作者和营销者必须面对的至关重要的一个营销环节。

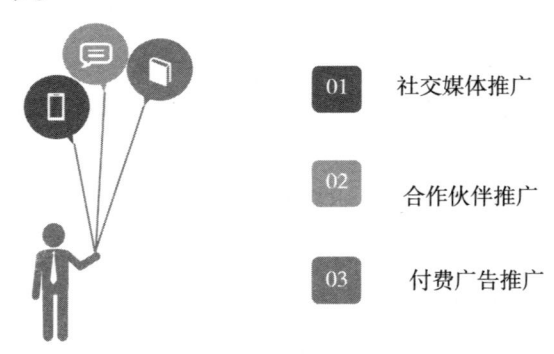

图 7-1　短视频推广

一、社交媒体推广

社交媒体已经成为人们日常生活中不可或缺的一部分，利用社交媒体进行视频推广，能够直接触达大量的潜在用户，快速提高视频的曝光度和观看量。

星巴克公司深谙微博推广之道，品牌方经常会在微博上发布有趣的、与咖啡相关的短视频。这些短视频不仅吸引了粉丝的关注，也成功地传达了品牌的生活方式，为品牌吸引了众多的粉丝。

GoPro 作为一家运动相机制造商，充分利用了社交媒体平台用户对于美景和极限运动的热爱，品牌方将用户创作的大量精彩短视频在平台上发布，吸引了大量粉丝的目光。

作为一家知名体育用品品牌，耐克在社交媒体上发布积极宣传体育精神、推广品牌的相关短视频。无论是新产品的发布，还是与体育赛事相关的内容，都能吸引大量的关注和分享。

在华为 Mate 40 系列手机发布之际，华为品牌方利用各种社交媒体平台进行了全方位推广。品牌方在微博上发布了大量产品宣传视频，并邀请各大科技博主进行转发和评论，在社交媒体上迅速引发了热议。同时，品牌方还在抖音上进行了一系列相关的创意挑战活动，吸引了大量年轻用户的参与。这一系列的社交媒体推广活动，大大提高了华为 Mate 40 系列手机的知名度和销售量。

这四个案例展示了短视频营销与社交媒体的结合可以带来巨大的营销效果。短视频的趣味性和社交媒体的传播力量，为品牌带来了更多的机会。与此同时，品牌只有根据自身的特性和目标用户的特点，选择合适的推广策略，才能在短视频营销的道路上走得更远。

二、合作伙伴推广

在如今这个信息爆炸的时代，想要吸引用户的注意力已经变得越来越困难。但是，如果多个品牌或平台合作共享资源，这些品牌和平台就可以共同创造更大的影响力。这就是合作伙伴推广的核心理念。通过与其他品牌或平台合作，品牌方可以扩大自己产品推广的覆盖面，网罗更多的潜在用户。更重要的是，当用户看到某一品牌与自己喜欢的品牌或平台合作，用户就更容易对该品牌提升信任度或产生好感，从而提高这一品牌的形象和知名度。

合作伙伴推广不仅适用于大型公司，也适用于中小型企业甚至个人创作者。比如，短视频创作者可以与当地的餐厅或商店合作，共同拍摄制作一些关于当地文化或食物的短视频，或者与其他创作者合作，在各自的视频中为彼此推广。

当然，合作伙伴推广要想取得成功并不容易。这个过程都需要严格遵循合作流程，需要选择合适的伙伴、制订合理的合作计划，还需要有效地执行这个计划。这其中有许多值得深入解析的策略和技巧。

红牛（Red Bull）与 GoPro 的合作推广，是合作伙伴推广成功的典型案例（图 7-2）。在这一案例中，两大品牌方不是竞争对手，而是双赢的伙伴。

图 7-2　Red Bull 与 GoPro 的合作推广

红牛和 GoPro 是两个在各自领域都取得了巨大成功的品牌。红牛是世界领先的能量饮料品牌，以其大胆的市场策略和对极限运动的热爱而闻名；GoPro 是行业领先的微型相机品牌，以其出色的视频拍摄性能和社交分享能力而深受用户喜爱。

红牛和 GoPro 的合作基于一个共同的理念——对极限运动的热爱。这是两大品牌合作的基础，也是能够成功的关键。两大品牌方的目标用户群体都是那些喜欢冒险、追求刺激、寻求独特体验的人。因此，两大品牌方决定通过合作，共同为这个用户群体提供更好的产品和服务。

红牛通过赞助各种极限运动活动，提供资金和资源支持，帮助运动员实现梦想，同时也借此机会推广自己的品牌和产品；GoPro 则提供高性能相机，让运动员可以记录他们的精彩瞬间，并通过社交媒体分享给全世界的人。红牛与 GoPro 通过深度合作，共同制作了许多极限运动视频，并在各自的平台上进行推广，双方共享了粉丝群，大大提高了视频的曝光率。

通过这种方式，红牛和 GoPro 成功地扩大了自己的品牌影响力，吸引了更多的用户关注。这种模式不仅对红牛和 GoPro 自身有利，也为其他品牌和短视频创作者提供了借鉴和启示。

当然，红牛和 GoPro 的合作推广并非一帆风顺。双方在合作过程中遇到过许多挑战，比如，既要合作又要保持各自的品牌特性，要公平地分享合作收益，要有效协调各自的资源和力量，等等。两大品牌方通过不断的尝试和调整，最终找到了一个令双方都满意的解决方案。最终，这两个看似没有直接关系的品牌，通过巧妙的合作策略，共同创造了更大的影响力，将自己的品牌影响力成功扩大到了新的领域。

这个案例也为其他品牌和短视频创作者提供了一个新的视角和思路，即不同的行业通过寻找共同的理念和目标，可以找到合作的可能性，共同获得更大的成功。

与此类似的，ZARA 与各大时尚博主的合作推广也很成功，ZARA 与多位时尚博主合作，通过发布穿搭视频，向粉丝展示 ZARA 的新品，成功吸引了大量的流量和关注。华为手机品牌方也曾与法国经典影片《刺猬的优雅》进行过合作推广。华为品牌方携手电影《刺猬的优雅》，制作了一系列相关短视频，并在抖音等平台进行推广，有效提升了华为品牌及产品的知名度。

三、付费广告推广

在短视频营销推广过程中，投放付费广告是一个常见的手段。选择合适的广告平台和制定有效的广告策略，可以帮助创作者有效地提升视频的曝光率和观看量。

这种在短视频中植入付费广告的形式，一般都会将视频内容和节日背景或社会现象等进行结合，引发大众的共鸣，达到营销目的。

此外，短视频还会采用其他付费广告推广形式。比如，百事可乐在YouTube上投放了一系列短视频广告，通过搞笑、感人的内容，吸引了大量的观看和分享；亚马逊在Facebook上投放了许多商品推广的短视频广告，用户只需点击广告，就能直接跳转到商品购买页面，大大提高了购买转化率；奥利奥在Instagram上投放了一系列创意十足的短视频广告，通过展示奥利奥的各种有趣吃法，吸引了大量的观看和关注。

中国知名的服装品牌森马积极利用付费广告推广自己的产品。在发布新品时，森马会在各大视频平台投放大量的广告短视频，宣传新产品。同时，品牌方还在社交媒体平台投放广告，引导用户观看产品短视频。这种付费广告推广的策略，帮助森马快速提高了新品的知名度和销售量。

第八章
短视频变现攻略

第八章　短视频变现攻略

无论创作者的短视频内容有多么精彩、多么吸引人，如果不能有效地进行变现，那么创作者的努力就无法转化为实际的收益。因此，创作者和运营者都要学习有效的短视频变现策略，帮助创作者从短视频中获得收益。

第一节　短视频变现能力评估

短视频变现之前，创作者首先需要进行一系列评估，确定自己的视频是否具有变现能力。评估内容包括视频内容价值评估、受众规模评估以及变现渠道的选择等，如图 8-1 所示。

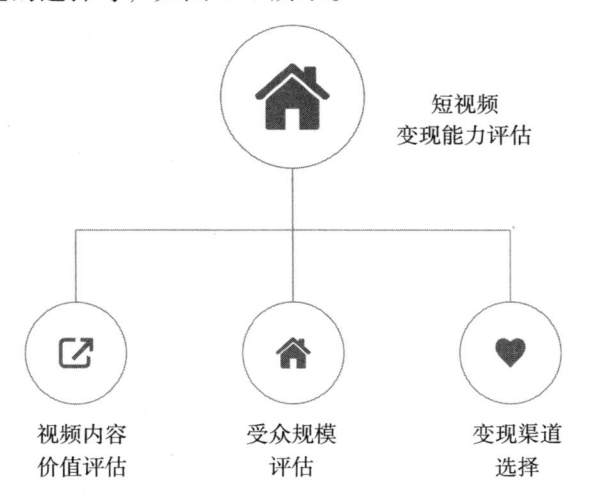

图 8-1　短视频变现能力评估

一、视频内容价值评估

短视频的内容价值是其变现的基础条件。在短视频营销中，视频内容的价值直接影响了视频的观看量、分享量以及用户的互动程度，进而影响到视频的变现能力。

评估视频内容的价值并非一个简单的任务，需要深入了解观众的需求，挖掘出能够引发观众兴趣和共鸣的主题，并用创新的方式来呈现这些主题，创造出有价值的视频内容。短视频内容价值评估，主要从其创新性、观众喜好度、主题相关性等方面来考量。实际上，其中蕴含着一种逻辑，那就是能够产生价值的视频内容，必然是能够吸引观众、引发共鸣、满足某种需求的内容。

京东在其官方抖音账号上经常发布一些关于商品使用教程、购物攻略、新品推荐等内容的短视频。这些视频内容直接与京东的主营业务相关，具有很高的价值。比如，京东发布了一系列关于"夏日烧烤"的短视频，教大家如何选择烧烤工具，如何快速制作美味的烧烤等，既提供了消费者需要的购物信息，又解决了消费者在使用商品时可能遇到的问题，从而吸引了大量的用户关注，提高了京东的品牌影响力。

我国快速崛起的家电品牌小米的成功，在很大程度上与其独特的短视频营销策略有关。小米在社交媒体平台发布的短视频内容，往往是围绕新品的功能介绍、使用体验等主题以及用户的真实评价和反馈。这些内容不仅让消费者对小米的产品有更直观的了解，也让消费者看到了小米重视用户体验、倾听用户声音的品牌理念。如此一来，这些短视频的价值就不仅体现在推广产品上，更体现在建立和维护品牌形象上。

这些案例充分说明，短视频必须提供有价值的内容，才能成功吸引大量观众，实现变现。

二、受众规模评估

在短视频营销中，受众规模是决定视频能否实现变现的重要因素。即使视频内容很有价值，如果没有足够大的观众群体，也无法达到良好的变现效果。受众规模的大小，主要体现在视频的观看量、粉丝数、点赞数和分享数等方面。这些数据既是衡量视频受欢迎程度的重要指标，也是影响视频变现能力的关键因素。只有拥有足够大的观众群体，才能为视频变现提供足够的流量支持。

例如,某美食博主在抖音和B站都有账号,她的视频内容主要是烹饪教程,教大家如何在家制作各种美味的菜肴和烘焙食品。由于其烹饪技术精湛,视频制作精良,而且每个视频都附有详细的步骤和配料表,非常受喜欢自己动手做饭的网友欢迎。她的每个视频都能获得上百万的播放量,粉丝数也在不断增长。而这些粉丝,就是其视频变现的潜在消费者。她可以通过视频中推荐烹饪工具、食材等方式进行变现。

再如某健身博主经常在抖音上分享一些健身教程和训练技巧,还会发布自己健身的成果展示,这些视频深受健身爱好者的喜爱。他的每个视频都有大量的观看量和评论量,这些数据足以证明他在健身领域的影响力。而这种影响力,就是他视频变现的重要资本。他可以通过与健身器材品牌合作、开设在线健身课程等方式,将粉丝的关注度转化为实际收益。

以上几个案例都表明,在进行短视频营销时,运营者应该尽可能地扩大受众规模,优化视频的观看量、点赞数和分享数等数据,这样才能实现视频的良好变现效果。

三、变现渠道选择

在短视频营销中,选择正确的变现渠道是实现变现的关键。每个渠道都有其特有的盈利模式,如广告分享、产品植入、会员付费、直播带货等。只有选择与自身视频内容、粉丝群体和品牌定位相匹配的变现渠道,才能最大化地提高视频收益。

B站某知名动漫评论UP主是一个短视频变现成功的案例。他的短视频内容主要是动漫评论和解说,受到大量动漫爱好者的喜爱。他在短视频制作上的专业性和独特的评述风格广受好评,这也使他的粉丝数量逐渐增长。分析自己的短视频情况以后,他选择了通过广告植入的方式进行变现。他会在视频中适当地推荐一些与动漫相关的产品或服务,如动漫衍生品、在线动漫平台等,通过这种方式成功实现了短视频的变现。

抖音平台上某知名博主在平台上分享的是自己的乡村生活，她以其质朴的风格和丰富的农家经验，吸引了大量的粉丝。她选择的变现方式是直播带货。她在直播中介绍和推销自家农产品，如新鲜的蔬菜、水果和自制的食品等。这些产品都深受粉丝的喜爱，带货效果显著。

这些案例都充分说明了短视频营销中，选择合适的变现渠道对于提高视频收益的重要性。每个博主都应该根据自己的视频内容和粉丝群体，选择最适合自己的变现方式，以实现视频收益的最大化。

第二节　分成渠道的选择

视频内容创作与变现，是现今网络时代的一种重要创收方式。随着短视频市场的快速发展，越来越多的人开始研究如何通过短视频实现变现。选择合适的分成渠道，成为其中关键的一步。在短视频变现过程中，合适的分成渠道是提高收益的关键。根据不同的短视频类型和观众群体，选择最适合的分成渠道，将会大大提高短视频的收益。短视频主要的分成渠道如图 8-2 所示。

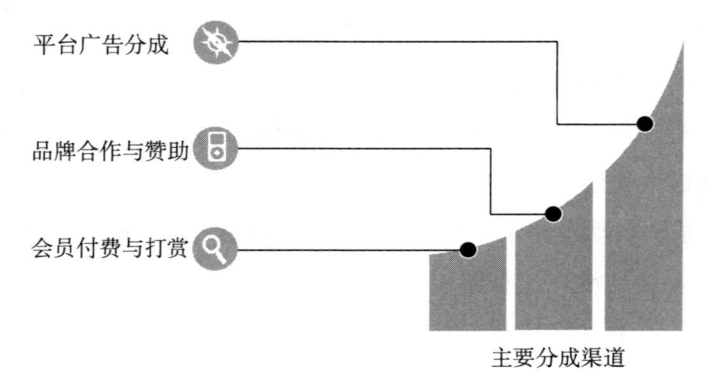

图 8-2　短视频主要的分成渠道

一、平台广告分成

平台广告分成是很多短视频内容创作者主要的盈利模式，也是最直观的一种方式。视频平台会根据内容创作者的视频播放量、观看时长、互动数据等指标，向内容创作者支付一定比例的广告分成。不同的视频平台，其广告分成的比例和计算方式各不相同。

在实践过程中会发现，平台广告分成虽然看似简单，但实际操作中需要注意一些细节。首先要选择合适的广告，合适的广告可以提高用户的接受度和观看率，从而提高广告分成的收益。此外，广告的插入时间和方式也会影响用户体验和观看率，过于频繁或者突兀的广告会导致用户流失，反而会降低广告的收益。当然，选择合适的平台也很重要，不同的平台有不同的用户群体和广告分成模式，选择适合自己内容和受众的平台，才能最大化广告收益。

二、品牌合作与赞助

与品牌进行合作或者获得赞助是另一种常见的短视频变现方式，这种方式通常需要视频制作者具有较高的影响力和一定的粉丝基础。

比如，抖音的一位游戏解说博主，他的视频内容主要围绕各种热门游戏进行解说和推广。他通过与游戏品牌合作，推广特定的游戏，获取了大量的赞助费用。

某知名育儿博主发布的短视频内容主要围绕母婴、育儿话题。因为她的短视频内容贴近很多年轻妈妈的生活，所以吸引了大量的粉丝关注。在这种情况下，很多母婴品牌开始寻求与她的合作，希望通过她的影响力，向年轻妈妈群体推广其产品。

这些案例说明，品牌合作与赞助虽然对短视频内容创作者的要求较高，但只要粉丝基础和影响力足够，它就能为短视频内容创作者带来丰厚的收益。而对于品牌方而言，通过与合适的短视频内容创作者合作，可以更精准地将产品推送给目标用户，实现效率和效果的双赢。当然，这种方式也需要内容创作者有足够的职业操守，避免过度商业化影响粉丝感情和自身声誉。

三、会员付费与打赏

在短视频变现的众多方式中，会员付费与打赏也逐渐成为一种有效的方式，特别是对于那些能够提供高质量、专业或者独特内容的短视频制作者。这种模式不仅能够让观众直接支持内容的创作，也更能让创作者感受到观众的认同与支持，进而提高创作的积极性和质量。

在B站，有一位知名的UP主，他的视频主要分享科技、互联网和人文社科方面的内容，他的深入分析、独到见解吸引了大量的观众。很多观众愿意成为其付费会员，或者在直播时给他打赏，以此来支持他的创作。

抖音上的一位知名博主也是会员付费与打赏的受益者。他的视频内容主要是唱歌和讲解音乐制作，他的音乐才华和深入浅出的解说赢得了大量的粉丝。很多粉丝愿意成为其付费会员，支持他的音乐创作。

通过以上几个案例看出，会员付费与打赏的方式虽然需要创作者有一定的粉丝基础和高质量的内容，但这种方式对于那些能够提供专业或者独特内容的创作者来说，是一种非常有效的变现方式。同时，这种方式也使观众能够直接支持内容的创作，增强了观众与创作者之间的互动性和情感连接。

第三节 短视频变现模式

短视频变现的模式繁多，每种模式都有其独特的优点和适用的场景。具体的形式可以根据视频内容、观众需求和平台特性进行调整。目前短视频变现主要可以分为直播带货、社交电商、内容（知识）付费等模式，如图 8-3 所示。通过对每种模式深入了解和合理选择，可以实现短视频的有效变现。

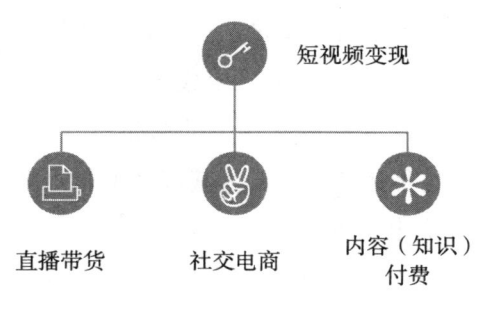

图 8-3　短视频变现模式

一、直播带货

近几年，直播带货已成为短视频变现的主流模式。所谓"直播带货"，就是通过网络直播，由主播推介商品，观众在线观看直播并进行购买的电商模式。通过直播，短视频创作者可以与粉丝实时互动，向粉丝推荐产品，而粉丝可以通过直播间直接购买产品，创作者则可以从销售中获得分成。在这一过程中，主播的口碑和人气，会直接影响到带货的效果。

例如，某"三农"领域的主播从 2017 年开始记录乡村美食生活。在做"三农"短视频的 5 年间，她吸引了大量粉丝，累计带动家乡销售农副产品 15 万吨，为家乡做出了杰出贡献。仅 2020—2021 年，她就卖出去水果 8 万吨，带领全村人走上致富之路。

二、社交电商

社交电商是一种新型的电商模式，通过社交网络来进行商品销售和推广。这种模式的出现，让电商平台可以利用其庞大的用户群体和社交网络特性，实现商品的推广和销售，同时也提供了一个新的短视频变现方式。

在这个领域，小红书无疑是一个非常成功的例子。小红书是一个集合了购物分享、商品推荐的社交电商平台，通过鼓励用户分享购物攻略、发表商品评论等，形成了强大的用户生成内容（UGC）系统。用户在浏览内容的过程中，就可以直接购买相关的商品，实现了从内容到销售的无缝转化。小红书的这种运营模式，为其带来了非常显著的变现效果。

抖音小店也是社交电商的一个例子。抖音小店是抖音平台上的社交电商形式，用户在短视频中看到喜欢的商品后，可以直接点击购买。一位知名的博主就是利用抖音小店变现的。他在抖音上发布的短视频主要是自己制作木质工艺品的过程，精美的作品吸引了大量的粉丝。他在抖音小店上销售自己制作的木质工艺品，利用视频展示产品的制作过程和细节，获得了大量的订单。

拼多多是一款社交电商平台，它的模式是让用户通过社交网络分享链接，组织朋友一起拼团购买商品。由于商品价格低廉，用户体验良好，因此，拼多多获得了极高的用户活跃度和订单量。例如，许多卖家通过在拼多多上销售自家农场的新鲜蔬菜和水果，利用拼团的方式吸引了大量的消费者。

B站也开启了社交电商的模式，一位知名的UP主便是在平台上销售自己的周边商品。他的短视频内容主要是分享游戏攻略和趣事。他通过在B站的电商平台上销售自己的周边商品，如T恤、帽子等，实现了短视频的变现。

社交电商模式的出现，给短视频平台的变现模式带来了很大的影响，它提供了一种新的变现方式，让创作者可以通过销售商品变现。同时，社交电商模式也让用户在享受内容的同时，可以直接购买相关商品，增强了用户的购物体验，提高了变现效率。这些成功的案例表明，社交电商模式在短视频变现中的潜力是巨大的。

三、内容（知识）付费

对于提供专业知识和独特观点的创作者来说，内容和（知识）付费是一种理想的变现方式。内容（知识）付费，是指用户为获取专业或深度的内容而进行支付，这也是内容创造者实现收益的方式。

作为知识服务商和运营商，"罗辑思维"推出的"得到"App 就是一款知识付费软件（见图 8-4）。

图 8-4 "得到"

"得到"App 平台拥有多个知识频道，每个频道都由一位行业领袖或专家主持，涵盖了哲学、历史、商业、科技等多个领域，形成了一个丰富多元的知识生态。用户付费订阅后，不仅可以收听到各种专业的知识内容，还可以享受一对一的导师指导、专享问答等服务。

罗辑思维的创始人罗振宇每周会在"得到"上分享他的思考和见解，这些内容大多源自他的阅读和实践。针对付费用户，他还会定期举办线上研讨会，与用户直接互动交流。

这种内容付费模式的成功，主要是因为主播都是各自领域的专家和领袖，他们的专业知识和深度思考是用户愿意付费的主要原因。此外，"得到"App 提供的不仅有音频内容，还包括线上研讨、一对一指导等服务，提升了用户的付费体验。为了让用户形成消费习惯，"得到"会定期更新内容，为平台的长期稳定收入提供了保障。

"得到"的内容付费模式，在充分挖掘知识内容价值、为用户提供高质量服务的同时，也为内容创作者提供了良好的变现方式。

第四节 短视频带货策略

短视频带货作为一种崭新的电商模式，也是短视频变现过程中至关重要的一环，在当今社会中发挥着越来越重要的作用。正确的产品选择与定位、有效的内容呈现与推广以及对转化率的优化与提升，都是带货策略的核心要素，也是短视频带货的三大重要环节。在短视频营销中，创作者选择合适的产品、对产品进行正确定位至关重要。一款适合通过短视频营销的产品，应具备直观、易理解、有吸引力等特点，产品的定位应该与目标受众的需求和期望吻合。创作者通过制作高质量的内容，再通过精准的营销策略，成功地推动产品销售，才能最终实现短视频变现。

一、产品选择与定位

在短视频带货中，产品的选择直接影响着视频的吸引力和转化率。一个成功的短视频创作者，必须根据自身的定位和粉丝的需求，选择最合适的产品进行推广。产品的定位应该与目标受众的需求和期望吻合，这样才能提高视频的吸引力和转化率。

以彩妆品牌 NARS（图 8-5）为例，品牌方在推广慕斯唇膏时，明确了产品的定位是口红显色度高、保持时间长。这种定位直接吸引了对持久显色口红有需求的消费者。NARS 品牌方在进行短视频营销时，特意利用短视频展示了口红涂抹后的效果，重点对比了口红在吃饭、喝水后仍然保持鲜艳的画面，强化了其产品的卖点，取得了良好的营销效果。

图 8-5　彩妆品牌 NARS

红魔游戏手机（图 8-6）在短视频中展示了其产品在极限条件下的出色性能，如快速加载游戏、无延迟的操作体验等，吸引了游戏爱好者的注意。在这个案例中，红魔游戏手机的定位是高性能游戏手机，符合游戏玩家对手机性能的高需求，品牌方在短视频中运用了慢动作、近景特写等拍摄技巧，对产品的优秀性能进行了更为直观的展示。这种营销方式无疑增加了视频的吸引力，提高了产品的销售转化率。

图 8-6　红魔游戏手机

当然，短视频带货并非只有电子产品和化妆品，实用性产品同样可以通过短视频进行有效推广。例如，某品牌炒菜锅在短视频中强调其产品拥有易清洁、耐用等实用性。在营销视频中，主播演示了如何轻松清洁炒菜锅，并展示了炒菜锅经过长期使用后仍然保持良好状态的画面。这些实际操作和展示，突出了产品的实用性，吸引了对炒菜锅有实际需求的消费者。

由此可见，产品选择与定位是短视频带货的第一步，也是至关重要的一步。创作者需要根据自身定位以及粉丝需求，选择合适的产品进行推广。

二、内容呈现与推广策略

短视频营销不仅需要选对产品，更需要以合适的方式展示产品并进行推广。正确的内容呈现和推广策略能大大提高视频的吸引力和传播力，从而实现产品的高效销售。产品的内容呈现需要结合产品特点和粉丝需求，有效的推广策略可以进一步扩大产品的影响力，提高转化率。在这方面，有几个品牌营销案例很值得学习。

汽车品牌玛莎拉蒂短视频营销推广是一个非常成功的案例。玛莎拉蒂在推广其新款汽车时，选择了短视频这一形式，以极致驾驶体验为核心，展示了汽车在赛道上高速行驶的镜头以及驾驶者满脸享受的表情，这些特写都让人感受到了产品的魅力。这种生动、直观的内容呈现方式，使得消费者能够近距离感受到玛莎拉蒂汽车的魅力，进一步提升了消费者的购买欲望。同时，玛莎拉蒂还运用了大量的广告投放和关键意见领袖（KOL）合作等推广手段，进一步提高了视频的传播力，扩大了产品的影响力。

国内护肤品牌一叶子利用短视频成功进行了产品推广。在短视频中，主播在使用一叶子面膜前后拍摄了对比照片，利用短视频展示让观众看到使用其面膜后的真实效果。这种直观的展示方式，使得消费者能够清楚地看到产品效果，激发了其购买欲望。同时，一叶子还通过抖音的挑战赛、优惠券等活动，吸引了更多的用户参与和分享，进一步扩大了产品的影响力。

亚马逊 Kindle 情景模拟广告有类似的作用。亚马逊 Kindle 通过短视频，模拟了在家中、公园、咖啡馆等各种地点使用 Kindle 阅读的场景，这种情景模拟让人能够更好地理解和感受使用 Kindle 的便利和乐趣。同时，Kindle 还通过折扣促销、用户评价等方式，进一步推广了其产品。这种通过情景模拟展示产品使用场景的方式，使消费者能够从多个角度理解产品的使用价值，提高了其购买欲望。

内容的呈现方式和推广策略对短视频营销的效果有显著影响。创新的内容形式和有效的推广手段，可以大大提高视频的吸引力和传播力，进而实现产品的高效销售。同时也要注意到，每一种产品都有其独特的推广方式，需要根据产品特点和消费者需求，制定出最合适的内容呈现和推广策略。

三、转化率优化与提升

提高转化率是实现短视频变现的关键。只有当浏览视频的用户转化为购买产品的消费者，才能实现短视频的变现，创作者也才能从中获得收益。

抖音上某家居主题博主，作为一个专注于家居领域的短视频创作者，他精心设计内容，在视频中分享各类家居产品的使用经验，并将自己的生活经验、产品评测、装修攻略等信息融入短视频中，提供给粉丝。在每一个视频的结尾，都会附上购买链接，引导粉丝点击链接购买。其视频内容丰富、有趣，极大地提升了互动性，增加了用户留存率，通过优化内容设计和提高互动性，他成功提高了转化率，实现了高效的变现。

在短视频营销中，需要通过优化购物流程、提供优质的售后服务等方式，提升用户的购买意愿和满意度，从而提高转化率。

夏普空气净化器在进行营销时，就对购物流程进行了优化。在短视频中，品牌方不仅展示了夏普空气净化器的产品功能和优点，还在视频的结尾处添加了购物链接，使用户可以直接从视频中跳转至购物页面。这种购物流程的优化，使用户享受到一站式购物体验，减少了在购买过程中的摩擦，从而大大提升了转化率。

Apple Watch 则是对售后服务环节进行了优化。苹果公司在推广 Apple Watch 时，在展示其产品的功能和设计的同时，还强调了其优质的售后服务。品牌方承诺，如果产品在一定期限内出现问题，可以免费维修或更换。这种售后服务的保证，提高了用户的购买意愿，从而大大提高了转化率。

小米手机对用户评价的优化，也有异曲同工的效果。在利用短视频进行营销的过程中，小米手机广泛使用了用户评价，展示了来自真实用户的评价和反馈，让观众看到了产品的实际表现和口碑，有效增强了其他潜在用户的信任感。此外，小米还在视频中详细展示了产品的功能和特点，使用户对产品有了更深入的了解，从而提升了购买欲望，提高了转化率。

以上这些案例中，品牌方和运营者无一例外地优化了短视频营销过程中的购物流程、提供优质的售后服务、增强用户互动性等因素。品牌方和运营者需要不断摸索，找出适合自己的短视频带货策略，以达到最大的变现效果。只有这样，才能在短视频营销的道路上走得更远、走得更稳。

第九章 "4C"营销理论与短视频营销优化策略

在短视频营销实践中，传统营销理论和现代营销理论的影响同样让人无法忽视。"4C"营销理论提供的是一种以消费者为中心的营销观点，可以帮助创作者和运营者更好地理解消费者的需求，设计出更符合消费者需求的产品或服务。在各种成功的短视频营销案例中，"4C"营销理论的实际应用非常值得深入探讨。

第一节　消费者差异化需求的定位

在"4C"营销理论中，消费者需求的定位被视为营销活动的首要任务。

消费者是市场营销活动的核心，对消费者需求的精准定位是所有营销活动的基础。与传统营销方式相比，短视频营销更加注重个性化和互动性，更需要对消费者的差异化需求进行精准的定位，从而实现营销目标。如图9-1所示。

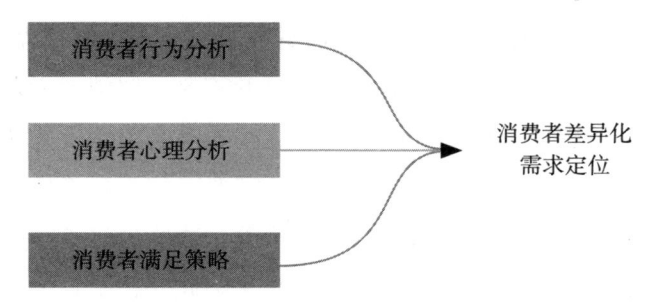

图9-1　消费者差异化需求定位

当今社会，消费者的需求不再是单一、固定的，而是多元化、动态化的。这就要求短视频营销者深入了解消费者的真实需求，挖掘出消费者的核心诉求，以此为依据制定营销策略。比如，针对年轻消费者群体，短视频运营者更注重个性化和创新性，那么短视频内容就需要展现出新颖、独特的元素，以吸引他们的注意。

消费者的需求也存在着明显的个性化特征。这就需要短视频营销者能够充分考虑到消费者的个性化需求，制定出定制化的营销策略。比如，一些消费者可能更注重产品的实用性，那么短视频就需要重点展示产品的功能和效果；而另一些消费者可能更看重产品的设计和品质，那么短视频就需要展示出产品的精致和高级感。

消费者的需求还具有强烈的社会化特征，即消费者的购买行为受到社会因素的影响，如他人的意见、社会风潮等。短视频营销者应把握这一点，利用短视频的社交属性激发消费者的互动，增强消费者对产品的认同感和归属感。

短视频营销要想成功，就必须从消费者需求出发，进行差异化定位，创造出能够吸引并满足消费者的内容。

一、消费者行为分析

消费者行为分析，是指通过收集和分析消费者的购买、使用、评价产品或服务的行为数据，来理解消费者的需求和购买决策过程。

消费者行为分析包括多个层面，运营者需要了解消费者的需求，包括功能需求、情感需求、社会需求等。这些需求是消费者购买决策的基础，直接影响消费者的购买意愿。另外还需要了解消费者的购买决策过程，包括信息搜索、选项评估、购买决策等。这些决定了消费者的购买行为，对于制定营销策略具有重要指导意义。此外，了解消费者的使用行为，包括使用频率、使用场景、使用体验等信息，可以帮助运营者了解产品的实际效果，提升产品质量和用户满意度。

在营销策略的制定中，理解消费者的行为模式是至关重要的一环。运营者需要分析消费者在获取信息、做出购买决策以及使用产品过程中的行为。在短视频营销中，消费者行为分析同样重要，通过分析消费者在短视频平台上的浏览、互动、分享等行为，可以更好地了解消费者的兴趣和偏好，帮助创作者和运营者制定出更有吸引力的视频内容。此外，通过分析消费者的购买行为，如点击购物链接的次数、完成购买的时间等，运营者还可以优化购物流程，提升购物体验，制定更有效的营销策略。

例如，星巴克品牌方注意到在社交媒体上，很多消费者分享了自己在星巴克的照片和消费经历。品牌方对这些内容进行分析后发现，消费者喜欢将星巴克作为一个社交场所，享受与朋友共度的时间。因此，星巴克在短视频推广活动中强调了星巴克作为社交场所的角色，即"咖啡生活方式"，展示了消费者在星巴克享受美好时光的场景。这种基于消费者行为的营销策略，成功引发了消费者的共鸣，提高了消费者对星巴克的好感度和购买意愿。

再如，耐克则通过分析消费者在抖音平台上的互动行为，找到了消费者的需求和偏好。通过分析用户对不同类型短视频的互动情况，发现消费者在运动时需要鼓励和动力。耐克针对目标用户的偏好，制定了具有吸引力的短视频营销策略，发起了"Just Do It"挑战，鼓励消费者分享自己的运动故事。这种挑战赛形式的营销策略激发了消费者的参与欲望，提高了耐克产品的曝光度和销售额。

星巴克和耐克的成功，证明了消费者行为分析是营销策略制定的重要基础，在短视频营销中可起到重要作用。只有深入了解消费者的行为，才能制定出真正符合消费者需求的营销策略，从而实现营销目标。

二、消费者心理分析

消费者的心理因素如消费者的动机、态度、信念等，是影响消费者购买决策的重要因素。

消费者心理分析是一种通过研究消费者的心理因素，来理解消费者的购买行为和决策过程的方法。消费者的消费行为并不总是理性的，也会受到情绪、社会环境、个人价值观等非理性因素的影响。因此，深入理解消费者的心理因素，有助于企业更准确地把握消费者需求，制定更有效的营销策略。

消费者的购买动机是其购买行为的内在驱动力。不同的消费者可能有不同的购买动机，如满足基本需求、追求个人价值、提升社会地位等。通过分析消费者的购买动机，企业可以定位产品的目标市场，制定相应的产品策略和营销策略。

消费者的态度对其购买决策也有重要影响。消费者的态度包括其对产品或品牌的认知、情感和行为倾向。正面的消费者态度可以提升产品的销售额，而负面的消费者态度则可能导致产品的销售失败。因此，企业需要通过营销活动，改善消费者对产品或品牌的态度，提升消费者的购买意愿。

消费者的信念也是影响其购买行为的重要因素。消费者的信念是其对产品或品牌的个人评价，通常基于其过去的经验或第三方的信息。企业需要通过提供真实、有效的信息，建立消费者对产品或品牌的信任，促进消费者的购买行为。

在短视频营销中，通过分析消费者的心理因素，企业可以制作出更符合消费者心理需求的短视频内容，吸引消费者的注意力，激发消费者的购买欲望。

可口可乐的"开启快乐"活动，就是基于消费者心理分析发起的。可口可乐了解到，消费者在购买饮料时，不仅是因为口渴，更多的是为了获得愉悦的心理满足。因此，可口可乐在短视频营销过程中，特意展示了饮用可口可乐带来的快乐时刻，从而提高消费者的购买意愿。

百事公司在推广乐事薯片时，也充分考虑了消费者的心理需求。百事公司在短视频中展示了乐事薯片带来的愉悦体验，激发了消费者的情感共鸣，提高了消费者的购买意愿。

在阿里巴巴的"双十一"购物狂欢节中，阿里巴巴通过提供大量的优惠券和打折商品，满足了消费者的经济需求，激发了消费者的购物热情。

小米公司在推广其新品手机时，也充分利用了消费者的心理因素。小米在短视频中展示了新手机的高科技，引发了消费者的好奇心，提高了消费者的购买兴趣。

亚马逊的"Prime Day"促销也是从消费者心理出发而策划的活动。亚马逊品牌方了解到，消费者在购物时，会被打折和优惠活动吸引。基于此，亚马逊每年在特定日期举办"Prime Day"促销活动，提供大量的打折商品（见图9-2）。在短视频中，亚马逊预告了即将到来的"Prime Day"促销活动，激发了消费者的购物欲望。

图 9-2 亚马逊的"Prime Day"促销活动

微软品牌方了解到，消费者对于新技术和创新产品有着强烈的好奇心。因此，微软便在营销短视频"人工智能未来"中展示了品牌的人工智能技术，并预测了未来使用的可能性。这种营销策略成功吸引了消费者的注意力，提高了消费者对微软产品的兴趣。

LOLITA 是一家专注于提供洛丽塔风格服饰的品牌。品牌方在短视频营销中充分利用了消费者的心理因素，制作的短视频不仅展示了产品的特性，还创造了一个梦幻般的洛丽塔世界，激发消费者的幻想和期待，从而吸引消费者的注意力，成功转化为购买行为。

总体来说，消费者心理分析在营销策略制定中起着重要的作用。企业只有深入分析消费者的心理因素，才能制定出更符合消费者心理需求的营销策略，实现营销目标。

三、消费者需求满足策略

满足消费者需求是所有营销活动的核心目标。在短视频营销中，满足消费者需求的策略可以帮助创作者和运营者提高产品或服务的吸引力，激发消费者的购买意愿。

亚马逊在抖音平台上推出的购物指南短视频系列，就是一个满足消费者需求的成功案例。这个系列的视频提供了购物技巧、产品推荐等内容，切实解决了消费者在购物过程中的实际问题，受到了消费者的热烈欢迎。

爱彼迎（Airbnb）（见图9-3）是一家联系旅游人士和家有空房出租的房主的服务型网站，可以为用户提供多样的住宿信息。Airbnb了解到，消费者在选择旅行住宿时，除了关心价格和设施，更关心的还有旅行体验。于是，Airbnb品牌方便策划了"旅行故事"系列短视频，在短视频中展示平台提供的房源能带给消费者独特的旅行体验，让消费者的需求得到充分满足。

图 9-3　Airbnb 平台 Logo

Duolingo是一款语言学习应用软件，品牌方注意到很多消费者有学习外语的需求，但又缺乏有效的学习工具。因此，Duolingo便制作了一系列"学习语言"短视频，在短视频中展示了这一语言学习应用软件的便捷性，以及如何通过这一软件帮助消费者有效学习外语，满足了消费者的需求。

第二节 低成本投入策略

在现代商业环境下,成本控制是企业赖以生存和发展的关键因素之一,短视频营销也不例外。低成本投入策略,是指在短视频营销过程中,有效利用和整合资源,控制内容创作和推广运营的成本,以实现高效益的营销结果。该策略可以帮助创作者和运营者在有限的预算内,实现短视频营销的目标。如图9-4所示。

低成本投入策略
- A 资源整合与优化
- B 内容创作成本控制
- C 推广与运营成本控制

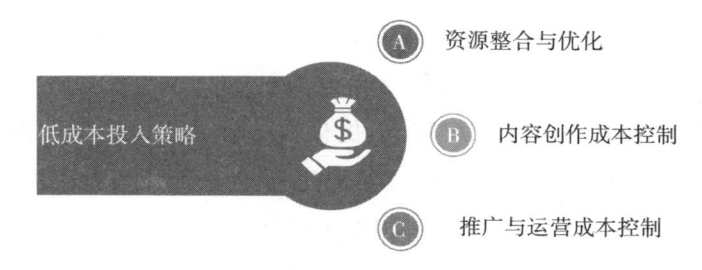

图9-4 低成本投入策略

一、资源整合与优化

资源整合与优化,是指在短视频营销过程中,有效利用和整合各种资源,包括人力资源、物力资源、信息资源等,以降低营销成本,提高营销效率。

内容协作是一种常见且有效的资源整合方式,尤其在用户生成内容(UGC)越发普遍的今天,内容协作的价值进一步凸显出来。比如,短视频平台抖音鼓励用户分享自己的创作,通过"抖音小助手"等渠道提供教程和技巧,培养用户的创作热情。在此背景下,用户自发产生的内容既丰富了平台的内容库,也提高了用户的活跃度,同时也降低了内容生产的成本。

社区共享是另一种利用现有资源优化短视频营销的方式。比如，我国的酒店品牌如家和锦江之星，它们鼓励顾客在社交媒体上分享住宿体验，创造 UGC，以此提高品牌曝光度和声誉，同时也降低了广告投放成本。

利用用户数据进行精准营销也是整合资源，提高营销效率的有效手段。我国短视频电商平台如快手电商、抖音电商等，都在大数据的帮助下，对用户的浏览、购买等行为进行分析，以此制定精准的广告推送策略，提高广告的转化率。

许多企业选择利用自身内部资源进行短视频营销，员工参与也可以有效控制成本。比如，华为就曾在官方短视频中利用自家的员工，展示企业文化和产品特色，不仅节省了拍摄成本，而且使消费者更深入地了解华为的企业价值观和产品优势。

以上几个案例只是资源整合与优化在短视频营销中的一部分应用。实际上，企业还可以根据自身的实际情况，创新使用各种资源，如利用品牌粉丝资源、媒体资源等，实现对短视频营销的优化。在短视频营销过程中，企业需要不断探索和实践，发现最适合自己的资源整合与优化的方式。

二、内容创作成本控制

在短视频营销中，内容创作成本控制是一个关键因素，因为创作成本直接影响到企业的盈利状况。一方面，内容创作需要考虑人力、物力和时间等多个成本因素；另一方面，企业也需要通过创新的内容创作方式，降低内容创作的成本，同时提高内容的吸引力。

利用简单演示是降低成本的有效方式。我国的短视频平台上有很多以食品制作为主题的短视频，这类短视频通常只需要一部手机和基本的厨房设备，即可完成拍摄。比如，一些美食博主经常会发布各种食品的制作过程，并配以幽默的解说，这种方式既节省了拍摄成本，又提高了内容的吸引力。再如，某餐饮品牌在短视频平台上分享其菜品的制作过程。品牌方利用简单的设备和工具，将每道菜的制作过程拍摄成短视频，引起了消费者的广泛关注。这种内容创作方式既节省了成本，又提高了品牌的知名度。

邀请用户参与也是有效控制创作成本的方式。鼓励用户参与到内容的创作中来，不仅可以减轻企业的创作压力，也可以提高用户的黏性。比如，抖音平台经常会发起各种主题的挑战活动，鼓励用户上传与主题相关的短视频，这种方式既能够扩大品牌的影响力，又能够节省企业的创作成本。某运动品牌在2022年底发起了一个短视频挑战赛，鼓励用户穿着品牌方的产品完成各种运动挑战，并将这一挑战过程分享到短视频平台。这种方式既增加了用户的参与度，又节省了大量的内容创作成本。

利用现有资料是内容创作成本控制最常用的方式。这种方式主要是利用企业已有的图片、文字等素材进行短视频创作，既可以提高内容的利用率，又可以节省内容的创作成本。比如，我国咖啡连锁品牌瑞幸咖啡，就曾经将自己的咖啡制作过程通过短视频的形式分享到抖音等平台，既利用了已有的资源，又节省了创作成本。

利用店内环境和商品也能降低成本。一些零售品牌如宜家、MUJI等利用店内的商品和环境作为拍摄素材，降低了拍摄成本，同时又能够展示商品的实际效果。比如，宜家的"小家大爱"系列短视频就是在店内拍摄的，巧妙利用了店内的商品和环境作为拍摄素材，这种方式既减少了拍摄成本，同时又展示了宜家品牌产品的实际效果，提升了商品的吸引力，得到了消费者的好评。

在短视频营销过程中，有效地控制内容创作成本是提高短视频营销效果的关键。在短视频营销的实际操作中，企业需要根据自身的实际情况和目标市场，选择最合适的内容创作方式，以收获最大效益。

三、推广与运营成本控制

推广与运营成本控制是短视频营销的关键环节之一。所谓推广与运营成本控制，是指在短视频营销过程中，通过有效的推广和运营策略，控制营销活动的成本，提高营销效果。

社交媒体联动，是控制推广成本的方式之一。国内的许多品牌会选择在多个社交媒体平台同步发布短视频直播，扩大品牌推广活动的影响范围，强化活动效果。

口碑营销是控制推广运营成本比较常见的方式，也是一种有效的推广方式，能帮助企业降低成本。国内有很多品牌通过邀请明星、网红或者KOL试用并分享自己的产品，从而提高产品的知名度。例如，一些健康饮食公众号在推出全新的瘦身食谱时，就会邀请一些具有影响力的健康博主进行试吃和分享。

数据驱动优化也是控制推广运营成本的常见方式。数据是推广与运营的重要工具，通过分析用户数据，企业可以更好地理解消费者的需求，并据此优化自己的营销策略。有些电子商务公司会通过实时监测用户数据，对消费者在品牌产品短视频广告中的行为数据进行分析，调整其广告的内容和投放策略。这种数据驱动的优化策略既增强了广告的效果，又节省了广告费用。电商巨头阿里巴巴就非常注重数据的运用，经常会通过分析用户在短视频广告中的行为数据，来优化自己的广告策略，从而增强广告效果，节省成本。

用户参与推广策略经常会应用在营销中，一些品牌会鼓励用户参与到推广活动中来，如蒙牛举办的抖音挑战赛。在挑战赛中，用户在参与的同时，也成了蒙牛产品的推广者。这种方式既节省了推广成本，也增加了用户的参与度，进一步提高了品牌影响力。

推广与运营成本控制是提高短视频营销效果的关键一环，在实际操作中，企业需要根据自己的实际情况和市场目标，选择最合适的推广与运营策略，以实现最大的营销效益。

第三节　操作与接收效果提升策略

优化短视频营销除了要进行成本控制，还要提升操作效果和接收效果，让内容更好地为营销目标服务。因而在短视频营销过程中，还要制定操作与接收效果提升策略，重点关注如何提升用户的使用体验、提升内容的质量，并通过数据驱动的方式进行优化，从而提高短视频营销的效果。如图9-5所示。

图9-5　操作与接收效果提升策略

一、用户体验优化

提升接收效果的关键，就是优化用户体验，也就是以用户为中心，从用户的需求和体验出发，优化产品或服务，提高用户的满意度和忠诚度。这就需要从用户的角度，思考和设计短视频的各个环节。

短视频的操作与接收，都基于信息的传递，因此，在进行短视频营销时，必须增强短视频的互动性。比如，学习类应用平台，在其短视频教程中，必须增加问答、投票等互动元素。只有这样，才能增强用户的参与度和学习兴趣，使用户更愿意分享和推荐这款应用，也才能达到营销的目标。

优化用户体验是提高短视频营销效果的关键。短视频必须考虑用户的观看体验。在观看体验优化方面，抖音做得非常出色。它利用先进的推荐算法，能够准确地推送用户感兴趣的视频，使用户能够轻松找到自己喜欢的内容。抖音还为视频创作者提供准确的受众定向，帮助他们更好地找到自己的受众，这也是抖音在短视频领域取得成功的关键。

在短视频营销时，需要做到视频与商品的无缝连接。例如，为了增强无缝连接体验，2022年初，一款健身应用程序"悦动力"在其健身短视频教程中使用了健身器械，为了方便用户购买，品牌方在短视频中嵌入了直接购买相关器械的链接，这样用户就无须离开视频，只要点击链接即可购买所需的器械。这种无缝连接的用户体验，大大提高了用户的购买转化率，也增加了品牌的曝光度。

短视频营销还要随时关注视觉优化体验。比如，一些做美食的公众号就对视觉体验非常重视。为了使拍摄出来的视频准确表达主题，达到良好的视觉效果，在进行短视频制作时，运营者使用了高质量的摄影设备和软件，确保视频能呈现出更好的画面效果，让用户的观看体验更佳，这无疑提高了视频的观看量和分享量，也达到了运营者的营销目标。

用户体验优化的各项目标都是以用户为中心，从用户的需求和体验出发，优化产品或服务，提高用户的满意度和忠诚度。在进行短视频营销时，品牌方必须思考和设计出符合用户需求和喜好的短视频内容和形式，这样才能真正吸引到用户，从而实现营销目的。

二、内容质量提升

内容是短视频的核心，内容质量的提升直接影响到短视频的传播效

第九章 "4C"营销理论与短视频营销优化策略

果和接收效果。内容质量提升，就是通过提高内容的专业性、独特性和吸引力，提高用户的满意度和忠诚度，从而提高短视频营销的效果。

短视频的内容是否具备专业性，对短视频营销至关重要。一家户外装备品牌在进行短视频营销时，邀请了专业的户外运动员作为短视频的主角和专业指导。在专业人士指导下进行拍摄制作的短视频内容更具专业性和吸引力，内容中也提供了更加专业的户外知识和技巧，短视频内容的整体质量得到了进一步提升，吸引了更多户外运动爱好者的关注。

短视频要想得到更多关注，内容的独特性就必须增强。比如，一款艺术类应用，除了发布一些独特的艺术作品，还发布这些作品的整个创作过程，通过独特的内容在众多的艺术类应用中脱颖而出。

短视频要想吸引人，就要能引起观众的共鸣，短视频表现的内容就要有情感连接。比如，一家公益组织发布了一系列记录公益故事的短视频，发生在身边的真实故事使观众在观看视频时产生了强烈的情感共鸣，从而更愿意关注和支持这家公益组织。

三、数据驱动的优化策略

现代营销的一个重要特征便是数据驱动，通过收集和分析数据来优化营销策略。所谓数据驱动的优化，就是通过收集和分析用户的行为数据，了解用户的需求和行为模式，然后根据这些数据，对短视频内容进行决策和优化，从而提高短视频营销的效果。

数据驱动的优化策略，最主要的便是进行内容优化。比如，短视频营销的是一款语言学习应用，创作者和运营者就要通过分析用户的观看数据，了解用户最喜欢的内容类型和学习时间，然后根据数据调整短视频的内容类型和发布时间，从而提高用户的满意度和活跃度，达到营销效果。

根据数据对短视视频进行优化的另一个重点，就是优化推广策略。一家电子商务公司在短视频营销过程中，要通过实时分析用户在其短视频广告中的行为数据，及时调整品牌方广告的内容和投放策略，从而提高广告的效果和转化率。提供网络视频点播的 Netflix，通过收集用户的观看数据，进行深度学习分析，于是有了基于数据驱动的优化策略，实现了个性化推荐，丰富了用户的观看体验，也增强了其内容的接收效果。

数据驱动短视频的优化策略，最主要的就是优化用户体验。一款游戏应用进行短视频营销时，通过分析用户的使用数据，了解到用户在使用过程中的问题和需求，然后通过调整产品设计和服务策略，提高了用户的满意度和忠诚度，达到营销效果。

第四节 网红营销策略

近年来，短视频营销在全球范围内掀起了一股热潮，特别是在年轻人中，短视频的影响力更是不可小觑。利用网红的影响力进行推广，是现代营销的一个重要策略。在短视频领域，网红营销策略的重要性尤其突出。网红营销是一种新型的营销方式，也是新媒体时代的一种新兴业态。要想更好地理解短视频营销的发展，就要对网红产业的现状与未来发展趋势进行深入分析。

一、网红产业现状与趋势

"网红"是"网络红人"的简称，是现代营销的一个重要力量。网红一般都具有大量粉丝、有着极高的影响力，是品牌和商家广告营销的重要合作对象。网红出现后，网红产业也随之兴起。

通过分析网红产业现状，可以发现，目前的网红产业具有巨大的市场规模。据统计，2022 年全球网红经济市场规模达到 1 000 亿美元，其中中国市场占比超过 30%。随着短视频平台的崛起，网红产业的市场规模还在不断扩大。

以抖音、快手、Instagram 等为代表的短视频平台，已成为网红产业的重要载体。这些短视频平台通过提供丰富的创作工具和分发渠道，帮助网红更好地进行内容创作和传播。

近年来，网红的类型也在不断分化。从最初的美妆、穿搭、美食等生活类网红，到科技、汽车、金融等专业领域的网红，网红类型变得越来越多样化，网红产业也在不断发展变化。

网红产业趋势具有以下特点。

专业化与细分化。随着市场的不断发展，网红产业正在向专业化和细分化的方向发展。这不仅体现在网红的内容领域，也体现在网红的运营方式。比如，有的网红专注于某一领域的深度内容创作，有的网红则通过构建自己的品牌，发展自己的产品线。

影响力营销。在短视频营销中，网红的影响力被广泛利用。品牌和广告商通过与网红合作，利用其影响力来进行品牌推广和产品销售。这种模式被称为影响力营销，是网红产业的重要发展方向。

平台化与产业化。随着网红产业的发展，平台化和产业化成了明显的趋势。一方面，越来越多的平台开始提供专业的网红培养和运营服务；另一方面，网红开始通过打造自己的IP，发展周边产品，实现产业化。

从近年来网红产业的现状与趋势可以看出，网红产业正在迅速发展，其影响力和潜力不可忽视。同时，短视频营销作为网红产业的重要支撑，也将持续发挥其重要作用。

二、网红营销模式与方法

网红营销已经成了一个重要的营销工具，其模式和方法也在不断地演变和创新。有效的网红营销需要基于对目标受众的深入理解，为消费者提供有价值的内容。

例如，在推广新款手机时，华为手机与某知名科技网红进行了合作。该网红在YouTube频道上发布了对华为新款手机的评测视频，并在视频中详细介绍了新款手机的设计、性能、摄像头等方面的特点，同时还对手机的一些不足提出了自己的看法。这种广告植入的模式让华为的产品直接触达该网红的大量粉丝，大大提升了华为品牌产品的曝光度。

　　这一案例之所以会成功，主要缘于品牌选择的网红具有专业性和公信力。作为知名的科技网红，他的评测长期以来都被大量科技爱好者认可和信赖。同时，他对华为新款手机进行了全面、深入的评测，这也给观众带来了大量有价值的信息，提升了观众对广告的接受度。

　　无论是广告植入、直播带货，还是个人品牌运营，都需要网红具备一定的影响力和公信力，同时需要提供有价值的内容，满足用户的需求，才能达到好的营销效果。

参考文献

[1] 阿里巴巴商学院.内容营销：图文、短视频与直播运营[M].北京：电子工业出版社，2019.

[2] 陈萍，严芷玥.轻松玩转短视频：新媒体营销与运营实战[M].北京：中国水利水电出版社，2020.

[3] 陈迎.直播营销实战指南[M].北京：机械工业出版社，2021.

[4] 陈永惠.短视频营销与运营全攻略[M].北京：中国经济出版社，2021.

[5] 陈羽琪.短视频营销中KOL的影响效果研究[D].武汉：华中科技大学，2020.

[6] 陈星爷.短视频速成10万+[M].北京：经济日报出版社，2019.

[7] 邓小华，林永青.售楼冠军短视频营销全攻略[M].北京：中国经济出版社，2023.

[8] 董浩然.新媒体之光 如何站在风口拥抱时代红利[M].北京：电子工业出版社，2022.

[9] 公伟宇.网络短视频创作[M].武汉：华中科学技术大学出版社，2022.

[10] 韩光军.现代广告学(第八版)[M].北京：首都经济贸易大学出版社，2022.

[11] 贺黎.基于消费者购买意愿的农产品短视频营销实证研究[D].重庆：中南林业科技大学，2022.

[12] 黑马程序员.短视频运营实战教程：内容创作+用户管理+营销变现[M].北京：清华大学出版社，2021.

[13] 胡欢.新媒体时代下H旅游公司短视频营销策略研究[D].邯郸：河北工程大学，2022.

[14] 胡晓，王大伦.新媒体文案写作实战教程[M].北京：人民邮电出版社，2022.

[15] 胡杨.直播带货和短视频营销实战秘籍[M].郑州：河南文艺出版社，2020.

[16] 黄伟.网红经纪（MCN）合规与法律指南[M].北京：法律出版社，2022.

[17] 乐静.快手短视频[M].北京：电子工业出版社，2019.

[18] 李保升.短视频营销一本通（乡村版）[M].北京：北京邮电大学出版社，2021.

[19] 李达聪.短视频直播带货实战手册[M].北京：机械工业出版社，2021.

[20] 李涛.旅游短视频营销对高校学生旅游意愿的影响研究——以三亚高校学生为例[D].三亚：海南热带海洋学院，2022.

[21] 李维.短视频营销[M].北京：中华工商联合出版社，2020.

[22] 李晟睿.基于抖音平台的情景剧短视频营销研究[D].哈尔滨：黑龙江大学，2021.

[23] 李朝辉，程兆兆，郝倩.短视频营销与运营 视频指导版[M].北京：

人民邮电出版社，2021.

[24] 林新伟．短视频运营：从 0 到 1 玩转抖音和快手 [M]. 北京：电子工业出版社，2019.

[25] 刘东明．新媒体短视频全攻略 [M]. 北京：人民邮电出版社，2018.

[26] 刘庆振,张晨霞.首席视频官:5G时代的短视频布局与营销革命[M]. 北京：电子工业出版社，2019.

[27] 罗丹丹．抖音短视频营销与推广 [M]. 北京：清华大学出版社，2020.

[28] 亓怀亮．短视频创作与传播 [M]. 成都：西南交通大学出版社，2021.

[29] 谭静．短视频营销与运营实战 108 招 [M]. 北京：人民邮电出版社，2019.

[30] 邵凯慧．抖音平台图书短视频营销研究 [D]. 开封：河南大学，2022.

[31] 史安静，高黎明，王艳芳．农产品短视频直播营销 [M]. 北京：中国农业科学技术出版社，2021.

[32] 宋锋森．短视频营销．新媒体时代重构营销新模式 [M]. 北京：中国纺织出版社，2020.

[33] 头条易．玩赚抖音短视频 入门定位 内容创作 品牌营销 引流变现 [M]. 北京：台海出版社，2022.

[34] 王辉．短视频营销 [M]. 北京：民主与建设出版社，2020.

[35] 王利冬，吴锐侠，谢甜．短视频营销与案例分析：慕课版 [M]. 人民邮电出版社，2023.

[36] 王钇璇．如何成为短视频营销高手 [M]. 北京：地震出版社，2022.

[37] 文杰书院．繁琐工作快上手：短视频学 Word 极简办公 [M]. 北京：

清华大学出版社，2022.

[38] 无崖子. 短视频营销 [M]. 石家庄：花山文艺出版社，2020.

[39] 吴海涛. 短视频营销实战 爆款内容设计 + 粉丝运营 + 规模化变现 [M]. 北京：化学工业出版社，2019.

[40] 吴永凯. 三步玩转短视频 [M]. 北京：人民邮电出版社，2019.

[41] 向上. 短视频营销全攻略 [M]. 广州：广东经济出版社，2019.

[42] 向登付. 短视频：内容设计 + 营销推广 + 流量变现 [M]. 北京：电子工业出版社，2018.

[43] 新媒体商学院.. 短视频运营一本通：拍摄 + 后期 + 引流 + 变现 [M]. 北京：化学工业出版社，2019.

[44] 熊猫鲸. 短视频营销引爆法则：抖音、微视、快手运营一本通 [M]. 北京：中国华侨出版社，2021.

[45] 燕鹏飞，张皓翔. 从 0 到 1 学做短视频营销 [M]. 北京：中国纺织出版社，2021.

[46] 杨光瑶. 电子商务短视频营销：如何拍出吸引人的短视频 [M]. 北京：中国铁道出版社，2021.

[47] 杨可. 手机短视频全攻略 [M]. 北京：人民邮电出版社，2020.

[48] 杨飞. 玩赚短视频：引流与变现攻略 [M]. 北京：中国铁道出版社，2019.

[49] 阳翼. 数字营销 [M].3 版. 北京：中国人民大学出版社，2022.

[50] 营销铁军. 短视频营销 [M]. 天津：天津科学技术出版社，2020.

[51] 增哥. 短视频爆粉秘籍 [M]. 北京：中国友谊出版公司，2019.

[52] 张恒.9 堂课轻松玩转短视频 [M]. 北京：机械工业出版社，2019.

[53] 赵国玲，丰新秋，徐春选. 短视频助农营销实战手册 [M]. 北京：中国农业出版社，2022.

[54] 赵文锴.8小时学会做快手[M].北京：中华工商联合出版社，2022.

[55] 郑昊,米鹿.短视频：策划、制作与运营[M].北京：人民邮电出版社，2019.

[56] 郑维良，侯志猛.用视频号激活私域[M].北京：中国铁道出版社，2022.